我們退休後的這些日子，從容地與老年相視而笑

# 享受愉快的老後

阿默——文字・繪圖

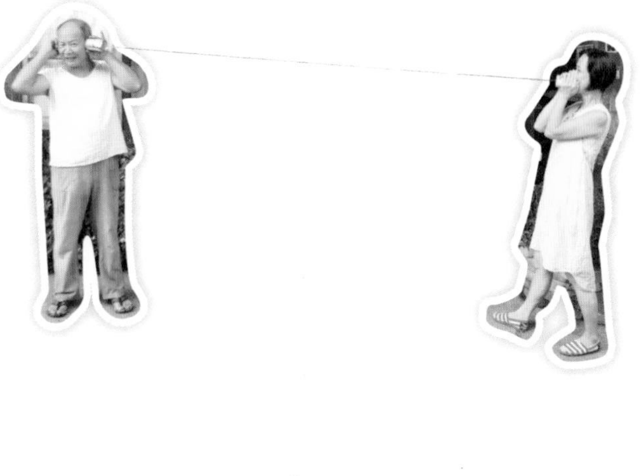

晨星出版

推薦序

# 與老年相視而笑的阿默

《女農討山誌》作者　李寶蓮

「望著手上這把乾硬扎手、毫不起眼的菜乾，覺得他跟自己的少年時期好相似，一身瘦黑硬骨，看似執著又傲慢，其實內心充滿了恇怯慌張，表現出強烈的自尊其實只是為了要掩蓋極度的自卑而已……」

當這段文字滑過眼底，一根心弦忽被觸動，彷彿自己的艱澀成長也被翻出來熨燙！

「菜乾和我都需要大火重油煎熬，在鍋裡滾過千百遍才學會柔軟細膩，學會釋放濃情厚味。」

一把菜乾一條靈魂，各自含蘊成長青澀——一個在泥土中積累日月風霜、封存天地精華；一個於瑣碎日常，收攏豐厚情感、深藏凝斂。一朝因緣際會，透過大火重油，竟彼此將對方底蘊全然轉化、釋放！如此用廚藝梳理自己的情感，雕琢自己的人生，這做菜的人早已超越一個廚娘，是個不折不扣的藝術哲學家！

那個寒意初透的冬日清晨，我坐在施雜貨尚未開門的店內，阿默在廚房為全家人—包括我，準備早餐。交響樂的背景中，傳出一連串叩叩叩叩……的清脆砍剁聲，刀砧輕觸、節奏明快，透露刀工的細膩純熟，腦中隨即出現酸筍切得細如麵線的畫面……知道為了讓我品嘗她親手醃漬的酸筍和前晚自做的黑豆腐，此刻阿默正專注打理一頓澎湃於平日的早餐。窗外是水泥叢林中一方小小天井，盛花的七里香芬芳沁鼻，我微涼的雙手緊握一杯熱桔茶，在幸福滿溢的色聲香味中瀏覽書稿，隨著文字，一會兒在她鹿谷的竹林山徑上漫遊，有鳥語花香；一會兒穿越她童年的水里山村，見屋隅大灶蒸騰；一會兒在她的現代廚房中，聞糖香四溢；一會兒又和一群都會嬌客跟著她在山林野地，領受自然中的萬般驚喜……。

從一個修車黑手的妻子兼副手歇業轉軌，阿默這幾年的日子過得風生水起，角色依然是個副手，但主將換成了女兒！這對母女各懷絕技，都說一個廚房容不下兩個女人，她們卻在狹小空間裡各展長才，沒有掩蓋彼此的光輝，而是相輔相成！神奇的尚不止此，小小巷弄裡開間小店，能把一家子全兜攬進來——母親、女兒、丈夫、女婿、婆婆，連狗也沒放過，奇觀之一！天下沒有一帆風順的事業，更難有天作之合的合夥人，這家店照常經歷著人事風波，然而，他們不但沒有一翻兩瞪眼，反而在每一回的爭吵過後都更加貼近彼此的心，轉化這一切的關鍵正是阿默暖陽般的愛與包容，謙和與寧靜，給每個人有足夠的空間省思與轉圜。其實，副手往往才是狠角色！

曾經以為自己這一生，如果有什麼前世未了的心願以致投胎再來，那個心願應是踏踏實實、安安靜靜做一個「生活者」！然而，在阿默面前我每每拜服！阿默與家人攜手經營一部當代罕見的生活傳奇，正如書中所呈現，一枚枚生活印記，或從父祖輩的流光深處走來，散發悠遠醇厚的氣息，或是順迎年輕人的品味思維，兼具創意與格調；修車黑手獨特的匠藝，在其間烘托著每個人的巧思；施雜貨處處可見的，還有家中老弱不被忽視的溫暖心意、支持與疼惜。他們心心念念把家人放在第一，卻也沒有忘記與友善環境的生產者攜手，為土地盡一份心力！

這一切融合得如此自然，面對瞬息萬變的潮流、急功近利的價值取向，這家子顯然有他們自己篤定的生活旋律，在急躁輕浮的世代譜寫另一種悠揚。他們踏著從容自在的步履，優雅中有真誠，緩慢中有力量，最可貴的是，理想中有樂趣！

很高興阿默願意把這精采的歷程寫下來，她最大的心願只是希望天下人都能在愛與理想中老去。

二〇一九年十二月八日

阿寶 于梨山霜夜

自序
# 回顧與展望

人生，是不斷地回顧與對未來的展望。

在與出版社簽約時，我只覺得自己像一片鬱勃綿芊的荒野，其間草木錯雜，充滿了旺盛而繁茂的生氣，我只管盡情優游，享受著各種歡愉，同時也挑戰著自己體能和心力上的極限，因爲生活實在太有趣了，我自得其樂地自然觀察和野地採集，透過相機看到鏡頭前精彩而鮮活的生命，藉由簡單的手繪看見不同生物極致的美，醲造過程讓我探窺先人不斷積累生活經驗的曾經，手縫衣物和製作生活器物常使我雜念止息，心神平靜，屢屢進入深度的寧謐靜寂……。

因爲喜歡做的事太多，因爲好奇想嘗試的事更多，爲了能夠順利書寫，我必須從荒莽草原般的生活中整理出脈絡來，然而，開始動筆以後，我發現所有發生在自己身上的這些事，其中大多數皆來自童年的生活經驗，也就是說，因爲父母親及祖母不著痕跡的引領，竟深刻地影響了我的一生，他們不僅教會我領會尋常的自然之美，更教我善用資材，享受在有限的條件裡做出最大利用的快樂，以致未曾對當時的物資艱難感到有任何匱乏。

在邁入老年之後，愈是感受到來自父祖面對生活時的自勵坦蕩，愈是自問：我能否也可以引領下一輩的孩子們感受到一些什麼？

自從開店以後，不只一次地聽見身邊的親人或好友不解地

問：「不是要退休了嗎？爲什麼還要把自己搞到這麼累？」或者關心地提醒：「不要爲了幫小孩而影響了健康喔！」我不知道別人如何定義退休，對我來說，「退休」兩字沒有任何意義，不間斷的工作讓我享受生活的樂趣，同時也感受到自己存在的價值。一個人活得老沒什麼了不起，什麼事都不做也能活到很老，無所事事活得更累，想活得好，活得踏實，那得花一些心思，使一些氣力，我喜歡目前的生活，喜歡有一點力道地活著，最好能將這個逐漸衰弱的身體使用到極致。

我熱愛生活，所作的全爲了讓自己能夠安心地過每一天，而且，我珍惜和家人相處的每一刻，辛不辛苦，全屬個人感受，若眞能幫到孩子，也能爲自己創造更多可能性的話，這種機會求之不得，既然幸運遇到，何樂不爲？

我想，也許我沒有能力傳授我的孩子在幾歲前致富的理財之道，沒有能力推動他們在人生道上登峰造極，但是，當我們一起工作時，每一個會心一笑都令我感動，每一個一起克服困難的經過都令我感到欣慰！展望未來，可以確定的是：我的孩子日後的生活將更貼近土地。當有一天，我必須離開，我相信他們在任何時間、任何角落，都會發現我們一起編織夢想時留下的痕跡，會再次發現我們一起共事時的歡笑或汗水，那將會是提醒和指引，提醒他們在小有得意時不忘初衷，指引在遭遇困頓時看見身旁尋常易得的美好，有了這些，他們會過得更安心而自在。

# 赤牛仔

## 經歷

自1966～2014年擔任修車技工，目前自認是「施雜貨」的小小弟，總管所有雜務

## 關於我

本名施治櫟，當了四十八個年頭的黑手，也因此在中年後萌起以汽車廢材從事創作的念頭，不僅爲自己開創了更多彩的生活，也表達了對土地環境的心意。

進入老年的他簡直是個不知天高地厚又任性的小孩，喜歡說話，卻詞不達意，當然也常因說錯話被調侃，然而，這個老小孩卻往往有神來一筆讓人驚喜的時候。

他的存在就是一錠安心劑，就是萬能的神，所有的事，有他一切搞定。他就是一座山，是所有家人的靠山！

# 阿默

## 經歷

褓姆、隨車售票員、成衣廠女工、
修車黑手，現任「施雜貨」廚娘

**關於我**

自幼渴望閱讀，即使少年時自願失學，卻從不曾打擊到強烈想學習的心，從不間斷的閱讀書寫，終達成年少時的心願，成為一名作家。

雖已邁入所謂的老年，卻自認還擁有強烈好奇心，喜歡勞動，喜歡靜坐，一直在尋找生命中的障礙並設法一一克服。阿默覺得老年是人生最美好的階段，自己很喜歡現今的生活，也喜歡自己老年的樣子，即使有一天，上天決定要阿默離開這個世間，阿默也都已經準備好了要從容平靜地接受，順隨上天的安排並感謝祂的眷顧。

# 目次

我們退休後的這些日子，從容地與老年相視而笑

## 享受愉快的老後

# 第一章

# 耕種與自然

# 另一種秋收冬藏

## 孟宗竹林

在過去的生活裡竹材曾經被廣泛地使用，近數十年來因生活型態改變，金屬及塑膠當道，只有少量竹材還能成為藝品及燒成竹炭利用。雖然現今竹材無人問津，然而為了迎接隨後即將來臨的冬筍採收季，秋天依舊是最佳整頓竹林的時節。

當最後一批麻竹筍採收後，大約已經到了九月底了，一刻不停，立即收拾工具開始伐竹。孟宗竹的竹身厚重，高度常可達十五米，普通大小的基部直徑約十公分左右，更巨大的直徑可達十五公分，所以，砍伐孟宗竹是件十分耗費體力的工作，宛如和一個彪形大漢格鬥似地。砍竹之前，先得觀察竹子生長姿勢及近旁環境以控制它倒下的方向，若尾段不幸被鄰竹剪夾了，那就考驗到當時身上還剩餘

入秋後的重活——砍伐老竹。

竹梢卡住了，合力拔河。

的體力和運氣了；有時，因為竹幹挺直修長，被鋸斷的竹身常還挺立在基部上，必得雙手抱起竹身，連拖帶扛奮力往斜邊走，才能將超過十幾米長的竹身放倒在地，再分鋸三到四段，方便日後利用或拉到竹林邊界上堆置，一天工作下來，比跑二十圈操場還受用。

六分多面積的竹林，兩人通常須要三個工作天才能走完一遍，三趟下來約須十天，這樣的工作對上了年紀的我們來說，無論精神或體力都過於吃緊，也為了讓孩子們安心，漸漸地我們放鬆了，工期可以拉得更長些，留其中的部分時間我們可以玩耍、可以喝茶吃點心，或坐或躺在地上仰望竹梢頭外的藍天發呆，有時帶著相機拍照，有時帶著畫冊手繪植物。

# 伐竹過程

1 雙手抱起竹身，連拖帶扛奮力往斜邊走。

2 將超過十幾米長的竹身放倒在地。

3 分鋸三到四段。

冬筍的收穫必得辛勞的付出。

而這樣悠閒的時光大約在元旦過後就得宣告結束，另一個重頭戲——挖冬筍就要登場了，挖冬筍就像在地裡尋寶，必得彎腰鋤過每一寸地，才知道有無冬筍存在，有時收穫豐碩，有時只得三五根，也有可能一無所有，完全無法事先預料，而不管收穫如何，都必須有相同的付出，我手上的老繭拜冬筍所賜，年年增厚，長時間彎腰鋤地，腰力沉穩，因此，每年的冬筍季節，總讓我誠心地體會到每一次的彎腰面對土地都在鍛鍊著意志力，而人和土地必須這樣相處著。

在早年，挖冬筍幾乎都安靜地進行著，我喜歡這樣的方式，除了專注，其他的都不存在，讓所有的感官都集中在手上一握，清楚地感受鋤頭與地面接觸的每一個震動，透過這個震動探測地下冬筍的藏身之處。

從幾年前開始，筍農們不耐勞力的付出得不到等值回報，紛紛祭出先進利器，用歐美國家吹落葉的機器吹除竹林裡飄落的竹葉，再尋蹤追筍，節省時間人力就是節省成本，因此，這幾年冬天山上不再安靜，整天轟轟擾擾，炸得人耳聾頭疼，難過十分，卻也只能接受時勢是這樣的改變。

# 冬眠

從入秋以後的山上，天空就變得更清朗、山色更秀麗，除了原本喜歡在林木間或小徑上結網的蜘蛛數量減少了之外，草木的生長也趨緩慢或逐漸枯萎，原本水氣豐沛的林子底層，也由潮濕轉為乾燥了，走過小徑，落葉在人的腳踩之下發出酥脆碎裂的聲音，這個時候，蛇類是第一個感知到空氣中濕度及溫度變化的動物，幾回看見赤尾青竹絲入定一般地盤在池邊或文殊蘭葉片上，不受到干擾的話，可以整個星期都待在同一個地方，穩穩不

大葉楠小苗上的赤尾青竹絲小蛇。（攝影／陳威文）

提早冬眠的大頭蛇。

動，似乎已在為入冬做準備。

一天，朋友中翊和余娜來到山上，摩拳擦掌地要跟我們一起砍竹子，令我們同時都感到意外的是這天一個上午就兩度發現蛇蹤，我們覺得好興奮，先是余娜在小路轉彎處的肖楠枝條上，看見甫出生不久的赤尾青竹絲，牠對於我們在一旁鬼祟地低聲交談、移動或拍照過程頗有警覺，幾次微微轉動頭的方向，意欲捕捉我們的意圖動機好立時應變，果然是野地生物，立時死生分曉，明白牠的緊張，我們遂悄悄漸次離開。

清除竹林時，我們習慣先將倒橫不順眼的伐倒移除，在砍倒一株裂身倒掛的竹子後，赤牛仔察覺到有一條蛇藏身於開裂的竹節中，這蛇不見首尾地蜷曲在此，僅看得見部分身體，體色的變化頗大，在淡紅褐到淡黃褐中有黑褐或灰褐色的橫斑，猜測牠應該是一條早眠的大頭蛇，牠藏身的這個竹節距地面應超過四米，抬頭望天，這樣的高度，牠是如何得知這竹在半天高處有這麼個足以藏身的地方？而牠又如何盤旋溯身而上？看得我們四人面面相覷，百思不得其解。

冬眠的蛇似乎最喜歡藏身竹節中，幾年前在拆除舊竹籬時也發生過相同的事，那次是小狗Migo發現的，當時才兩歲的牠活潑好動卻又非常膽小，當我們一起在林中散步時，牠常被自己踩到的枯枝翹起打到身體，這時牠總以為自己受到攻擊，霎時跳得老遠，又極力猛吠，常弄得大家哈哈大笑。發現蛇的那一次，牠同樣也吠叫個不停，我們還以為牠又犯了同樣的毛病，本不搭理，牠卻不死心繞著庭院中的車子來回奔跑，最後我只得放下正在拆解的工具隨牠一探究竟，這一看，唉呀不得了，我剛剛抱過來堆放的舊竹籬中，有一管裂竹裡，正藏著這麼一尾赤尾青竹絲，不過，顯然牠還在冬眠，還沒完全清醒過來，受到驚動後，行動依然呆滯，完全一副任你發落的態勢，更別說夾著尾巴逃之夭夭或主動攻擊了。

事實上，溫暖的柴堆也是冬眠的蛇喜歡的地方，每次搬出柴火時，都必須萬分謹慎地先一陣敲打過後再出手，搬出的柴也須先在庭院空曠處解開繩子，確定無任何攜帶了才搬進屋去，否則，除了蛇，有可能帶進屋的還會包括蜥蜴、蜘蛛、螞蟻、蜚蠊……等等生物。

小葉桑橫枝上曬太陽的美麗生物——青蛇。

蛇的體溫是隨著環境溫度被動地變化，我時常看見蛇出現在野地的石頭堆上或草叢中曬太陽，那個舒服勁兒看得我都想要深深打個呵欠，伸一伸懶腰，那真是最好的生活享受了。

我喜歡冬天，也喜歡冬眠。

當寒流來襲時外出回到家的那股溫暖仍是最好的感受之一，日時在家，我喜歡起暖爐、喝熱茶，而夜裡就像做繭的蛹一樣把自己緊緊地包在毯子裡，坐在桌前繪圖，或窩在床上讀書，或者什麼都不做，就只坐著靜聽窗外風聲呼號，床頭那盞明燈卻透著舒服的光色和溫度。和竹節裡的那蛇相比，我或許沒有牠那樣高強的能力，但我總盡量讓自己行動更緩慢，呼吸調得更深，假裝我也是一條蛇，練習著吐出心中靈活的舌信，以捕捉深眠時期裡巨大的黝黑和靜寂。

留下竹節是為了讓艾氏樹蛙有產卵的地方。

艾氏樹蛙

# 從種菜到野菜

# 夢想中的菜園

有個朋友擅於種菜、喜歡種菜、更懂得吃菜，每次見面總會聽到他輝煌的種菜經驗分享。有一年，他得意地告訴我們，他種下的高麗菜已經吃到第四代嫩側芽，主株還健康地繼續長著，想吃第五代看來是可以期待的。在他家吃火鍋，確實吃過鮮而肥的高麗菜嫩芽，只要在滾湯裡汆燙一下就非常爽脆清甜了，朋友用誇張的表情表示，要想收穫好品質的菜就得花心思照顧，不同種類菜苗要間雜栽種，可互相遮陰及保濕，最大的效益是分散蟲害風險，早晚要充分澆水，平時勤於捉蟲，這樣種出來的菜才會肥美碩大。

在台中的家裏我就有一個用了近六年的菜園，這個雖簡易卻非常實用的屋頂菜園面積大約七坪，菜畦以回收防水布及廢磚頭建構，使用回收雨水澆灌，利用紗網及大小石子在尾端濾水，也讓廚餘堆肥回到菜畦，這個菜園栽種過玉米、小黃瓜、捲心萵苣、番茄、地瓜葉及各種香草，收穫頗豐。二〇一八年，才想著要整理菜園，正巧接收了一批朋友淘汰的屋頂植栽箱和棚架，現在，屋頂菜園一切就緒，十餘種香草供給廚房的料理和烘焙，幾樣當季蔬菜及慢慢攀爬上瓜架的百香果，都讓人振奮欣喜，希望無限！

# 屋頂菜園 1

1 以回收的大幅廣告塑膠布及棧板構置的菜畦。

2 屋頂的斜度落差十公分，澆菜的水可透過細沙、石子和紗網過濾而順利排出。

排水口

# 屋頂菜園 2

1 屋頂菜園及中間棧板鋪成的曝曬場。

2 回收的雨水可用來澆菜。

3 曝曬製作豆腐乳的豆腐角。

4 端午，前一年的蘿蔔乾再次曝曬後更可久藏。

5 小黃瓜。
6 番茄。
7 辣椒。

# 屋頂菜園 3

1 新整理好的屋頂菜園。

2 採收薑黃。

# 山上菜園

只是，高麗菜芽火鍋的夢依然時常出現，心想那就回山上試試吧！然而，夢想距離現實總是有一段差距，頭年種下的一批高麗菜和芥蘭出乎意料地慘不忍睹，挑嘴的蟲兒先從最嫩的心葉吃起，心葉吃完吃老葉，過一陣子，連剛長出的側芽也不見了，在菜園另一頭，韭菜根根細如拜拜用的香腳，聽說蒜菜不怕蟲子吃，特別挑黑葉品種的蒜菜來種，別人種出來的葉片肥厚大如托盤，葉梗粗大甜脆，三片就可炒一大盤了，而我種的三棵一起炒都盛不滿一碗。種這批菜，唯一的收穫是觀察了完整的昆蟲完全變態。

每年都在中秋前後整理菜圃，夢想著也許在新的一年會更幸運些。有一年，在園裡四處灑了油菜種籽，希望學朋友的方式得以分散風險，更種了大芥菜、紅白蘿蔔、高麗菜、芥蘭等，心裡頭暗自盤算著這下應該有機會吃火鍋了吧！殊不知，鮮嫩鮮綠的油菜還生拌、熱炒地吃過兩回，爾後全數落到台灣紋白蝶幼蟲的嘴裡。

種紅、白蘿蔔時只隨意在菜園邊角以灑種後覆土的方式栽種，此處靠近竹林，土壤貧瘠再加上日照不足，明知收穫有限，所以趁蘿蔔葉鮮又嫩時，分兩次疏下小苗作雪裡紅素炒，留下一批長得較碩壯的，希望有一天會結出蘿蔔來。種菜的人總期待著菜寶寶們會一暝大一吋，蘿蔔生長期大約

山上菜園。

五十天左右，一個多月後，挖開地面偷看，天啊！地下莖竟不及茄子粗，再過兩個星期，見它依然沒有任何進展，索性全拔了起來，少數幾顆不及雞蛋大的全下到火鍋裡作了湯底，一解長久渴望火鍋的慾望，至於大把葉子則在挑除老枝硬梗後切得細碎，全包了餃子，凍在冰箱裡吃了好一陣子才吃完。

白蘿蔔如此，想來紅蘿蔔也不可能好到哪兒去，所以當我從菜園回來，看見我手裡抓的大把綠葉，前端竟有不成比例的小紅蘿蔔頭時，小阿姨笑彎了腰，問我這是什麼品種？

被嘲笑了微有不甘，為了爭回一些顏面，拿剪刀一一剪下，仔細洗淨，將它們裝在瓷盤裡，紅蘿蔔雖小，看起來也玲瓏可愛，細緻的橘黃到橘紅顏色在潔白的瓷盤裡，色彩實在鮮豔誘人，一一托到眾人面前慫恿著：「嚐嚐看！我洗的時候吃了一個，真的很好吃！」

「看這款擱親像在食蔘仔哩！」正在煮中飯的媽媽放下手上的湯瓢，往身上擦了擦手，輕輕從我的盤裡捏了顆最小的放進嘴裡，一邊嚼著一邊點頭說：「嗯！好食！還是有機的咧！」

赤牛仔則一邊嚼食，一邊哈哈大笑說：「人常說看天食飯，咱是看天種菜，種得出這樣算厲害了。」

這些菜雖說是我種下的，後來全承老天爺照顧，說「看天菜」，一點也不為過。

幾年經歷下來，萵苣類蔬菜和南瓜是表現最好的。南瓜苗一種下，不出兩個月已經迤邐一片，占了菜園好大面積，每片葉子及走莖上全是纖嫩細毛，茸然可愛，當看到大朵的黃花帶著小小瓜實

種了好久終於
可以採收了

出現時，心裡竊喜著照這樣發展，南瓜情勢絕對看好。只可惜一直盼不到瓜實可吃，並非結不了瓜，而是長出來的瓜全讓野地裡的鼠類啃嚙了，生幾個就啃幾個，一個不留，卻也只好作罷，這兩棵南瓜就算是為園裡這些鼠輩們栽種的好了，讓牠們也過個好冬吧！

失之東隅，收之桑榆，園子邊緣砂礫地上於二〇〇五年種下一排萱草和台灣百合，萱草如今依然蔚然一片，年年結苞開出鮮黃嬌豔的花朵，在雨水豐沛的春夏之間抽長快速，而這個時節的雜草也同樣瘋長著，在幫它們拔除根部雜草時，常發現地面上苒苒地也長出一朵朵萱草新苗，采采清麗，短短一段乳白色葉根就是市場上常見到的翠玉筍，挖開鬆軟的土取下煮味增，滋味鮮甜。

在這個萬物一起滋長的季節裡，菜園早已被

草海淹沒，種了兩年多的鳳梨終於認分地結了小小果實，耐著性子等了兩個月，直到果實轉為不容忽視的橙黃就知道這時該採收了，採收時，一股濃郁的鳳梨香味飄散開來，一起採收的這三個鳳梨其實比我的拳頭大不了多少，切開來總共也裝不滿一個小陶盤，乍入口，香味濃厚卻果味平淡，令人驚喜的卻是仔細咀嚼幾下，當果肉和津液混合之後，在嘴裡，它表達出來的香味與甜味竟層層舒展出它深藏的底蘊，令細心品嚐的人完全地感受到一個複雜綺麗的過程。

竹林中日照不足，竹子排他性又強，這樣的環境本來就不太適合栽種蔬菜，但是我在種菜的過程裡享受內心的期待，無論收穫多少都有欣喜，當煮好了菜端上桌，孩子們也會問是不是咱自己種的菜？我喜歡懷著這樣期待和欣喜的心享受食物。

台灣百合、萱草與鳳梨。

# 野菜可食

山上的看天菜到底不長久，後來，學會直接在草叢裡找菜吃，這其實才是個好方法，作物栽種，講求的就是適地適種，只要從這裡長出來的幾乎早已經適應這裡的氣候土壤了，所以每一株植物都可以長得很好，而這些所謂的雜草，其中包含了許多我認得的可食野菜，即使是不認識的種類都值得花時間和心思去了解，沒時間種菜，隨機採集不失是個新奇有趣的好方式。

山上多雨溼氣重，適合蕨類生長，在這裡出現的蕨種類繁多，數量也最為龐大。其次是鋪地的菁芳草和蛇莓，其他還有蕺菜、鴨兒芹、禺毛艮、糯米糰、水芹菜……等等。菁芳草具有良好保持土壤溼度的功能，只是生長極為快速，細細的走莖縱橫發展，可達一、兩米長，不出多久，就在地上交織成一片厚厚綠毯。綠毯中原本就強勢的大花咸豐草最為傲岸奪眼，完全是一副不可一世的姿態，昂然挺立著，相較之下，困在厚毯裡，正在努力竄高長大的蕺菜就更顯得艱辛了。隨手折了咸豐草，提支鋤頭從邊緣開始勾捲地上的毯，捲到盡頭已成了巨大的草捲，而經過一陣爬梳後，本來被重重包圍的鴨兒芹和蕺菜終於能夠見光出面，站在一片菁芳草斷莖中，姿態柔弱，卻有鬆了一口氣的輕鬆。

菁芳草有一個我更熟悉的名字叫「荷蓮豆草」。在我還很小的時候跟著母親在家鄉的菜地裡就

菁芳草。

認得它了，常拔了它帶回家餵雞鴨。拿它當青菜吃是近幾年不種菜以後才開始的，菁芳草無毒，全株可食，最好吃的部分在頂芯以下四、五公分內，此處莖葉柔軟，口感最佳，可直接煮在湯麵或清粥裡，數量多時直接炒食都好吃。只是採集時相當費工，通常我會拿剪刀直接剪下，所以，最好的採集時間是除草過後，重新長出的幼苗最好，因為高度一致，可以整齊剪下，收集的數量可以更快、更多些。

鴨兒芹在菜園裡是另一種優勢野菜，它的喜濕不怕遮蔭正符合這樣的環境，有些長得快的也準時開花又結籽，母株強壯的可以一邊開花結籽、一邊抽長新的側芽，掉落地上的種籽也準時地在適當的時候冒出新苗，不須特別照顧，它們一代一代傳遞繁衍，到處都可以看見它們的身影。

又叫水辣菜的禺毛莨長得跟鴨兒芹十分相似，八十多歲的媽媽老是分不清楚它們，托著葉片我告訴

1 鴨兒芹（山芹菜）。

2 水辣菜的葉和山芹菜有明顯的差異。

媽媽：「妳看！山芹菜的葉子三片全連在一起，這水辣菜每個小葉都分開而且各帶一枝短短的柄，莖上都有細細的纖毛，認這個地方妳就能分得清楚了。」水辣菜含生物鹼，我曾試著採它汆燙後快炒，有種特別的苦味，一般人應難以接受。

水芹菜不只全株具有香氣，還味道鮮美，富含蛋白質、脂肪、醣類等元素，營養豐富，所以我喜歡趁著它生長茂盛的時節採來當香菜使用，切碎了跟醬筍一起拌炒，是下稀飯的好配菜，或將它的葉切碎灑在清湯上，或和腐竹冬粉做成餃子餡，清麗與馨香同時呈現。

屬繖型花科的水芹菜。

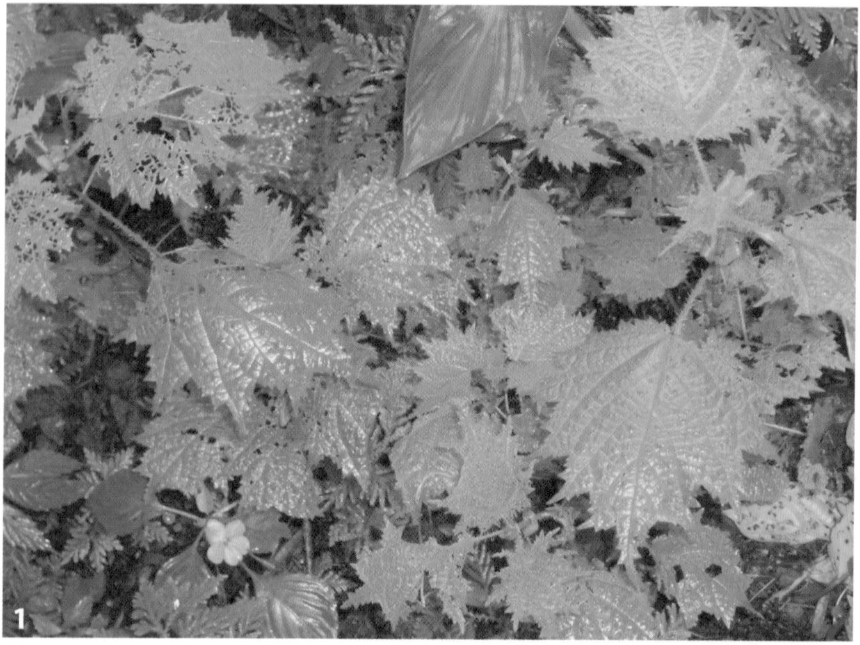

1 咬人貓。

2 咬人貓的一心兩葉是口感最嫩的部位。

吃過咬人貓苦頭的人看見它一定離得遠遠的，它給人的印象是生毛帶刺、毒性強烈，猙獰、詭異的外觀更是讓人望而生畏，平時到了山區，避之唯恐不及，絕無有誰會主動去招惹。更早之前，爬山路上無意中冒犯了它，結果，必須忍受大半天細針刺扎及火辣紅腫的痛苦，後來便懂得利用姑婆芋來緩解。雖然這些年來頻頻和它相處，但終不免也會有失了準、回頭被咬的情況發生，長久下來，發現自己對於它令人過敏的蟻酸……等成分的毒性已逐漸適應，採集時不小心碰觸到的地方不再紅腫，只剩些微刺痛感並且消失得快。

雖然咬人貓具毒性，但是它卻是好吃的野菜。屬蕁麻科的植物，喜陰暗潮濕的林下，因此在園子裡，它們是成簇成簇地長在高大的香蕉樹下或林子邊緣；在雨水、驚蟄時節，一看到它們的新葉時忍不住就想採集，一心兩葉，一朵一朵頂芽剪進籃子裡，水龍頭底下稍作沖洗後直接下到滾水中川燙，隨即撈起，素炒拌食、煮羹做餡，甚至揉到麵糰裡烤餅、烘麵包都非常好吃。

初初在山上發現台灣油點草時，它白紫色、灑有紫紅色斑點的花朵讓我誤以為看見的是哪個品系的野生蘭花，後來查了圖鑑才知道這成簇長在樹下或水岸邊的秀麗植物是台灣油點草，它的葉片摸起來有厚度、表面散生油點，撕開來嚐具有小黃瓜清新的味道，炎熱盛夏時，我也喜歡撕幾片鮮嫩的葉切碎拌到芽菜、萵苣裡作成生菜沙拉，或以它取代小黃瓜，直接包到蛋餅或夾蛋土司裡。

在剪咬人貓的時候，不經意竟發現草叢裡的伏苓菜竟茁茁然藏身其中，這樣的野蔬就因為味美，我更捨不得常常摘食，希望它可以持續在原來的地方生長，尤其當看見它那魚眼睛一般的小頭

開著紫紅色蘭花一般的台灣油點草。

茯苓菜。

花出現時，都要提醒赤牛仔在除草時務必小心，手下留情，千萬別把它打傷打爛了，期望它的瘦果成熟時，可以落地再萌新苗，這樣才年年有嚐鮮的機會。

筆筒樹、台灣沙欏和觀音座蓮是園子裡三種大型蕨類。筆筒樹和台灣沙欏通常分布在海拔八百至一千五百公尺的山谷及闊葉林中，喜歡在既向陽又潮濕的環境，過去常可見到這樣高大的樹蕨連綿成林的壯觀景象，寬大而且平展的樹冠宛如撐開的一把把大傘，筆筒樹高度常可達到十米以上，葉長可達兩米；台灣沙欏不遑多讓，也能長到八米左右，早期，先民常以它們的樹幹搭便橋或成為房屋的主要結構，因為樹幹十分堅硬，受到照顧的房子也常能使用四十至五十年；這兩種樹蕨的可食部分都是莖幹上端的髓心，也就是它還未舒展的新芽，都是重要的野外求生植物。平時我甚少以它為菜，總覺得這圈卷有型的植物嫩芽留著觀賞更好，只有在颱風過後菜價昂貴的時節才會打下一根做菜。

筆筒樹的嫩髓心

愈來愈少見的筆筒樹。

台灣沙欏。

近幾年樹蕨疑遭菌核病攻擊，筆筒樹尤其嚴重，出現了大規模的枯萎和死亡，整個族群面臨滅絕危機，原本園裡為數不少的筆筒樹也相繼染病死去，目前僅有零星長在林子邊緣的還得以倖免，為了維持它們能健康地生長，當然更不捨得吃它辛苦長出的嫩芽了。

和筆筒樹、台灣沙椤不同科屬的觀音座蓮又叫山羊蹄，它的莖呈塊狀，半埋在土裡，叢生的葉生於塊莖上，所以想要採它的嫩芽，比起筆筒樹或台灣沙椤更是輕而易舉，觀音座蓮塊莖富含澱粉，可煮食。

山蘇花遍布園裡各處，樹上、石頭上、小屋屋頂、排水溝邊、水缸邊緣……無所不在。山蘇花可食可賞，是極佳花材，亦能入藥，和過溝菜蕨一樣早被移植到菜畦裡栽種，至今已是各大小餐廳常使用的食材了。

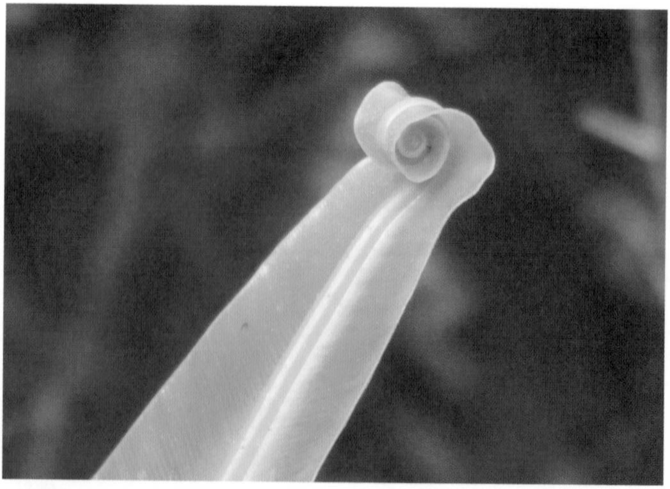

山蘇花。

在山邊林道上或樹蔭下到處都看得到蕁痲科的糯米糰，是原住民長久以來的日常食用野菜，糯米糰耐高溫，耐濕耐旱，耐貧瘠土壤，數量多且易於採集，料理後口感佳，一般人的接受度高，它和山棕、象草、五節芒及野薑的嫩莖都是我近年常採集的野菜。

其實，在一片荒地裡通常都可以找到許多未被馴化的可食野菜，只是，這些野菜也許還帶著強烈的味道，也許纖維較為粗糙，一般吃慣精緻食物的都會人可能會不太適應，可是，只要透過適當的料理，許多時候它們都會讓人驚豔，所以，在成為施雜貨的廚娘之後，我常挑選某些人們較容易接受的野菜放進菜單裡，甚至帶著消費者進到野地去採集，期望人們可以藉此有親近自然野地的機會，也能慢慢對自然環境有不同以往的認識，甚至，開啓更深一層的興趣和關心。

易於採集又好吃的糯米糰。

我很慶幸自己能夠循著前人的腳步，放心大膽地不斷嘗試，繼續摸索，學習更多的生活技能，也期盼日漸年老的自己可以貢獻一點生活經驗，讓年輕一輩的孩子們有更多不同的思考、更多不同的選擇，讓自己過得更好，也讓這個社會更好。

## 如何尋得一方可耕之地

種菜是一件非常療癒的事情，現在甚至發展出園藝治療這個醫療名詞來。

種菜，可大可小，形式不拘，常看一些媽媽或阿嬤用花盆、保麗龍箱，甚或廢棄浴缸都能種出茂盛漂亮的青菜或水果，而且這些栽種的場地包括路邊、牆角、牆頭、陽台及棚屋的屋頂，無處不種。

也經常從報導中看見，有人在住家陽台或頂樓利用各種回收容器栽種蔬菜，平面或立體的方式皆能栽種，如此充分利用陽光，不僅增加收穫，也幫住家營造了涼爽舒適的生活環境。

我家附近曾經就有市民菜園提供種菜，就有親友前去登記，或接手別人無暇管理的菜園，種得興致勃勃，每天早早晚晚，一定帶著小孫子一起去澆水照顧小菜苗，祖孫倆還會互相催促著該去菜園了，一說起種菜經，興高采烈地說個沒完，一方僅數坪大的菜畦，竟也聚合著家人間的親密和諧。

另有位朋友也因為開始在市民菜園種菜而用自己種出的蘿蔔製作蘿蔔糕與親友分享，不意竟建立了極佳口碑，也因此發展出事業的第二春。我想，做任何事都需要毅力和創意，不但自己享受了生活，更創造出更多的可能性來。

# 山居不易——引水

三十多年前，只因為我一心想回到小時生長的環境，赤牛仔就帶著當時還小的孩子陪著到處露營或健行。他其實從小在都市長大，中年之前不曾離開他居住的城市，後來有機會一起走進山林，漸漸地他也感受到身在自然環境中的自在，也希望有個地方可以紓解長期修車的緊張壓力，因此，等手上存到一筆錢，我們就接手管護位於鹿谷的這片林地，期望在這裡能夠讓我們找到不一樣的生活寄託。

這片接近一公頃面積的林地位於鳳凰山西側，傍北勢溪畔，隱密安靜，原地主因遷至外地經商，已經荒廢多年，缺乏照顧的竹林老化嚴重，枯朽折斷或倒下的竹枝橫來豎去，蔓藤交纏，想要空手走進去都有困難。然而，我們卻欣喜它是這樣自然的狀態，讓我們可以慢慢摸索出自己照顧林子的方式，經過十多年的相處，林子開闊了、竹子壯碩了，雜木區及矮灌叢維持原樣，極少被干擾，一直是動物們活動停棲的區域，在這裡，我們提供一點勞力，換取更多的心靈慰藉。

九二一地震後，為了安頓受到嚴重驚嚇的身心，和赤牛仔商量回山上蓋間小屋讓我有個喘息之處，當簡單的房子蓋好之後，有一年多的時間，房子處在無水無電的狀態，上山來時，我們攜帶著飲用水，夜裡就點蠟燭照明，走到哪裡，蠟燭就端到那裡，在山裡，沒有電力的影響並不太大，所有的活動幾乎都在白天進行，傍晚早早用過晚餐後就可以休息了，若還不想睡，動手做些簡單的屋裡設備也很好，或坐在燭光下聊些日常，有時停下來傾聽屋外夜裡的各種聲音，寧靜溫馨。

當真正開始在山上生活才想到其中的不便利，於是想到何不和在地人一樣到溪裡引水。然而，從野溪引水不單只有技術層面須要克服，引水這件事其實有先來後到之分，苦思多日，決定先下到溪底探查。

在溪裡，若取水處低也許施工起來會簡便一些，但是只要進入雨量豐沛的雨季，水管勢必被沖毀，甚至被流水帶走，令人為難的是只要一段時間不下雨，水量變小的溪水常滲入地下，溪床表面又將出現乾涸狀態，少數幾個湧泉或小水窪都早有人占用了，我們只能往更高的上游尋找，只是，距離愈遠表示引水的成本愈高，日後的維護更艱難。望著溪底滿滿都是下游用水户的大小水管，甚至有幾條粗大的水管幾乎都是餐廳業者找人建造的，堅固的施工方式簡直就是一個小集水壩，幾年後甚至有人在上游飼養鱘龍魚，經他們無所不用其極地將溪水攔截之後，在枯水期，一般人想分得點滴都不可得了。

依當時處境，計算從園子裡到上游這一段距離光是買水管就不是一筆小錢了，何況年年風災水患，溪裡往往橫七豎八地躺著各式不同材質的水管，我們不知道別人如何克服花錢只為流水的問題，我們不僅無此財力，也不想把錢花在不明確的事情上，看來只有另謀它途了。

兩人相伴，帶著砍刀一路披荊斬棘，繼續在溪溝、山脊上鑽來繞去，衡量計算著，最後一致認為附近張太太園裡一處湧泉最佳，雖然泉源的下方已經有人引水了，我們猜有可能是緊鄰的石頭伯的，遂決定直接詢問地主再做打算。當天下山後帶著水果直奔張家，誠懇地詢問可否從她的土地上接水，張太太慷慨地一口答應，當提起石頭伯那個引水池時，她表示並不知情，她說：「沒關係！

你們就去接！以前為了整地伊找我相嚷幾落回，那個人壓霸慣了，莊仔內有誰毋知？甭睬伊！」，這番話聽得我內心忐忑十分，原來他們之間存在著我們不知道的糾紛，千萬別又有什麼意外才好。

張太太、石頭伯和我們共同持有同一塊林地，石頭伯是個老山民，家就在不遠的村子裡，他的土地都在附近，對於村子裡和這片山林的一切瞭如指掌，因為共同持有土地，免不了還是會有一些接觸，只感覺他不容易親近。至於住在山下的張太太通常都是在她上山來時遇到了，我們會站在林子邊聊上一會兒，承她慷慨，讓我們得以解決了一件大事。

購買材料前，我們從新丈量一遍水源處到水塔間的距離，思考著水源頭如何有效地蓄水及入水口該怎麼處理才不致讓雜物堵住，詳細計算這一路有幾個轉彎、幾個上下坡？如何解決水管通過馬路的問題，遇到橋樑時又該如何克服？邊坡太深時將怎麼懸掛水管才能維持水位的平衡？該在何處裝設通氣閥門，該在何處裝置放水閥門，赤牛仔明白光靠水位高低的落差，恐怕壓力還是不足以讓水進水塔，一個補救的方法就是由水管口徑大小的改變來增加壓力，所以一出引水頭就直接用兩英吋口徑的水管，其後再以八分口徑水管銜接，也許機會就更大一些。

一切計算妥當，備齊了清單上的材料後就上山。當天，我們扛著水管，提著裝滿工具的桶子進到張太太園子深處，找到一個勉強可以蓄水的位置，搬了石頭堵住涓涓水流，埋下赤牛仔自製的引水頭，再以沙石填補石頭縫隙，最後沿著水池內邊緣舖以一層黏土防止水源流失，這個部分最難，花了大半天時間才完成，當水管出了林子，順著馬路邊安裝時，進度頗快，看著水管一根連著一根上膠水、連接，連接上後放手，馬上看見清澈的水從管子的另一端流出來，樂得我拍手叫好！引水這工作是不容易，但是，當看見期盼的水源源不斷地流出時，當下的痛快和滿足馬上忘了不久前兩人還傴促地擠在灌叢深處餵蚊子的模樣。

慶幸在整整忙了一天之後，終也聽到水進水塔叮叮咚咚的聲音，我們一直等到水塔滿了，溢流出來的水進了小徑下方的水池才放心地回家。

幾天後回到山上，發現水塔的水不再溢出，這一定是水源有了什麼改變，通常造成改變不外幾個原因，水源乾涸、引水頭阻塞或水管折損，我們急忙趕到水源頭一看，天啊！怎麼會這樣！引水頭連著水管被折成多段棄置一旁，面面相覷的同時，心中馬上明白是怎麼一回事了。赤牛仔默默收拾好四散的水管，回到小屋後即坐在院子裡鋸去一節節損壞的部分丟棄，留下還堪使用的，七拼八湊後又回到現場。這一回我們退到石頭伯的引水池下方，用它溢流出的水重新造池蓄水，這裡因為地勢更低，水一直進不來，水源頭的管子一直加大，中間又多加了一個通氣閥門，辛苦地折騰了好幾個星期，耳朵貼著水塔才聽見滴滴答答的進水聲音。

那之後一整年都相安無事，直到進入枯水期後，有一天發現水又斷了，回到水源頭檢查，令人為之氣結，我們的引水池竟整個大改變，池裡變成一上一下兩根引水頭，上面那喝不到水的是我們家的，居於水深處另有一個，不問也知道是石頭伯的，原來，他原先設立的引水池乾涸了，他的做法竟違背他自己的原則，從表面上看，他只是強迫我們必須和他分享水源，事實不然，如果說地位平等還可接受，然而只要水位降低我們就無水可喝了，找他理論嗎？別了！記得有一回在路上遇到，赤牛仔客氣地問起水管折斷的事，他竟然滿臉不悅地說：「你敢毋知接水不能斬人的水頭？你欲接水，毋免先問我？」

告訴他我們是徵得地主的同意才接的水，這下他更氣憤，滿臉鐵青地破口大罵，他們之間的紛爭我不想過問，也絲毫不感興趣，還沒聽他說完我轉身就走，留下赤牛仔聽他數落。

我能理解生長在討生不易的山裡，人須具有某種程度的強悍才能夠生存，但是，這一回我覺得他真是欺人太甚了，赤牛仔卻告訴我：「我們在山上的時間其實不多，只要有一滴滴水進來就夠用了，何況他是一個七十多歲的人了，我看算了，何必呢？」

「可是現在水進不來呀！怎麼辦？」我無奈地說。

「沒關係！我剛剛看了一下，那旁邊還有一些小水流，我想辦法將它們引過來，只要水池進帳多了，我們就有水可用。」

回到水源現場，赤牛仔一邊動手、一邊為我解釋著，看著眼前這個人蹲跪在灌叢裡的石礫地上，一一移動石子泥沙，將四溢的涓涓細流引進水池，耐心地等待水位慢慢升高，緩慢的水達到引水頭的邊緣，緩緩的水漫過了引水頭，赤牛仔從身旁的羊齒蕨上摘下一小片葉子放水面上，看葉子的移動判斷水流的方向，果然看見水慢慢地流入引水頭，在水管裡積存壓力，等壓力足了終將奔流到我園子裡去。

此後，只要上山聽不到水聲，看不見小水池有溢流的水注入，就得提刀再進蠻荒，為了確保有水可喝，只有故技重施，四下再尋找可能的水源注入，努力維持水位，如果遇到長期乾旱，儲在水塔裡的水也夠用上好一陣子了。

平常看赤牛仔和人相處嘻嘻哈哈，語焉不詳，詞不達意，我常覺得他魯鈍笨拙，經過這些事，倒是看見他內斂的一面，看見他承擔的勇氣及氣度修養，於是，當我們再次路上遇到石頭伯時，我也能試著留下來和他寒喧幾句。不管將來用水如何，我們還是一本初衷，如果真的有一天沒水可用了，那再做打算了，日常人生，總是會有辦法的。

# 引水 1

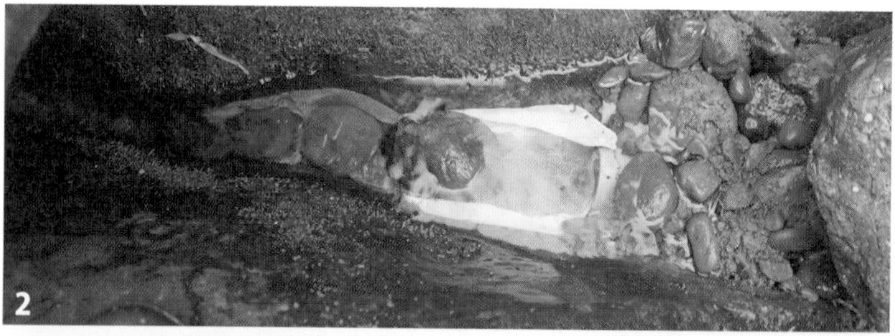

1 由涓涓細流開始匯集。2 進水口需以細紗網過濾，以防細小石子阻塞水管，並以大小砂石圍堵營造水池， 以利進水。3 最後用大石頭壓住固定水管才算完成。4 5 利用水管口徑變小的壓力及地勢落差讓水順利流進園子裡。6 用大石頭暫時固定住。7 查看進水情形。

# 引水 2

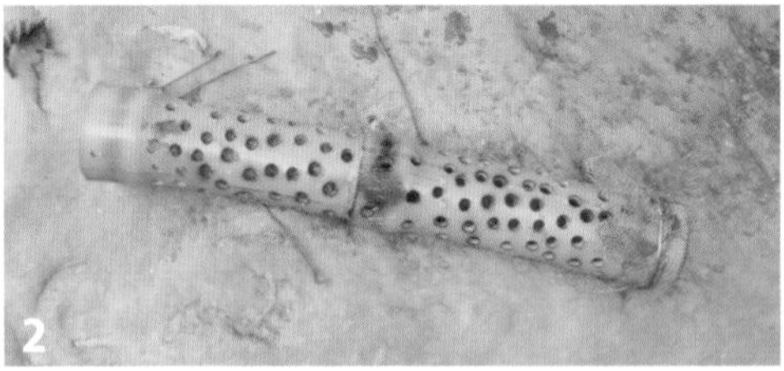

1 枯水期時滴水難得。

2 俗稱鱸鰻頭的自製進水頭。

3 颱風過後溪水充沛，依然得下水修復管路。

# 聆聽・自然

# 雨怪傳說

山中的夜，好沉，好深，有時喧鬧，有時悄然無聲。

在我約七、八歲的年紀時，有機會跟當時做長工的父親一起住在遠離村落的深山筍寮，當年小小年記，只記得夜裡的山上是巨大的黑暗，眼前的世界是一盞搖曳的煤油燈，記得特別清楚的是在上床爬進蚊帳，看父親吹熄了燭火後，缺牆少門的整個筍寮頓時陷入黑暗中，過了許久後才又慢慢浮現出朦朧的輪廓，滴著露水的竹簷外，天光熹微，樹影在夜裡的風中時而停息，時而搖曳，當時身旁的父親和弟弟雖然很快地就已入睡，父親穩定而充滿節奏的鼾聲卻讓我十分安心地靜靜聆聽山裡黑夜中的各種聲音。

記得在山上的每一天，通常當傍晚的陽光一斜，林子四下隨即轉為昏暗，也約莫在這個時候，啼叫了一整天的鳥兒會漸漸安靜下來，隨之而起的是各種昆蟲和蛙鳴叫的聲音，印象最深刻的是叫起來聲音是「夭夭夭、寡寡寡」的蛙聲，父親說那是「伏怪」，順便講了個帝爺公收妖的故事，那天晚上，在黑暗中聽著「伏怪」的叫聲，眼前浮現的都是帝爺公收服龜蛇二妖的畫面，直到半夜「伏怪」的叫聲停息了才慢慢睡著。這個充滿聲音和畫面的兒時記憶隨著時間流逝，僅存一個模糊的故事框架，每回在野外聽到「伏怪」的叫聲時，就想請父親再說一遍當年的故事，卻因故一再蹉距，當有一天時機適巧時，年歲已高的父親已不復記得當年他說了什麼，甚至忘了我和弟弟曾經在那樣的山裡陪他住過一些時日。然而這段兒時記憶卻在我成年後，在都市中生活的隙縫裡，一再一再地出現，並呼喚著我，呼喚我回到那個身心都可以得到單純安慰的地方。

多年後，「夭夭夭、寡寡寡」的「伏怪」聲音就在鹿谷山上園子裡持續地熱鬧著，聽到「夭夭夭、寡寡寡」，我依然會想起帝爺公的故事。後來確定「伏怪」原來是莫氏樹蛙，至於為什麼要叫牠「伏怪」，問過許多長輩，包括我最擅於講故事的母親，全無答案，只說以前的老人家就這麼叫，可這樣的回答沒能解開我的疑惑，直到後來遇到在特生中心工作的朋友，她才明確地告訴我所謂「伏怪」其實是「雨怪」的語誤*，哈！誤得好！帝爺公收妖和「伏怪」的關聯應該是我和父親相

莫氏樹蛙的婚禮。

註：雨怪一說是中國樹蟾，而我的家鄉水里及竹山一帶卻認爲雨怪是莫氏樹蛙。

同的思維吧！

在進入中年以後，開始揹著背包和一群朋友爬山，當夜裡必須宿在高山上的山屋時，躺在溫暖的睡袋裡，黑暗中，久遠前深山筍寮的記憶依舊會自然浮現，耳裡聽到的是眾多夥伴們彼起此落、百家爭鳴的打鼾聲，山屋外，風起風落，林木吟嘯，鳥獸在遠處或近旁發出輕啼或低吼，此時，也許我閉目等待入眠，也許我睜開雙眼凝視眼前空寂的黑暗，許多次，實在無法入睡，又躺到腰背痠疼，當時若是清朗的月夜，我就悄悄起身，走到山屋外，屋外的夜半，遠方山色一片混沌，近處森林朦朧飄搖，除了簷下露水滴答有聲，也常會聽見悠遠的猛禽叫聲，但是，最直接感受到的還是山屋前後，昆蟲發出的細碎混雜聲，悠悠切切，似啼如泣；在月光裡，整個星空下的景物全漾在銀光裡，不真實的感覺讓人會有極短暫的暈眩，彷彿，一切都在夢裡，在這樣的時刻讓人感受到的都是對天地萬物的敬畏。

鹿谷山裡的夜，同樣深沉，同樣喧鬧和靜寂。

有時日頭才斜偏，林子底下已經幽暗，隨著薄紗般的夜霧浮昇，四周的樹影逐漸模糊，忽地暮蟬急促尖銳的叫聲炸也似地盪開來，帶著小狗輕輕地在小徑上邊聽著蟬聲，邊緩慢移動著，突然波羅蜜樹上傳來一陣急切而粗啞的叫聲，打開隨身帶著的手電筒抬頭一看，是飛鼠！正在享用波羅蜜大餐的飛鼠一時覺得受到干擾，那一陣叫聲是牠發出的警戒聲，小狗不甘示弱，即使不知敵方到底

飛鼠享受波羅蜜大餐後，樹下雖是一片狼藉，卻香味四溢。

身在何處，也必得要留意八面，奮勇吠叫一陣才行，最後我們只得緊急退回屋裡，免得壞了飛鼠用餐的興致。

在這樣多霧重露的夜裡，屋旁大樹上積累的水珠常在一陣風起時灑落在屋頂上，滴滴答答；小屋牆角及屋側林下不斷傳來螽斯和蟋蟀磨翅的聲音，加上遠處傳來夜鷺斷斷續續的滄桑叫聲，夜裡坐在屋裏靜聽，頗有幾分悲涼詩意；坐在小火爐前，就著紅炭慢慢烤著年糕吃，等它冒泡散出焦香味時，捻下那焦酥甜脆的一小口細細咀嚼，再側耳傾聽，領角鴞已停棲在屋旁杉木上了。有時，睡到半夜，被屋頂上一陣細碎而慌亂的腳步聲吵醒，就知道又是鼠類為了爭奪食物，或是為躲避猛禽的襲擊而狂奔逃命。平靜的夜晚總掩不住為生存而起的激烈爭鬥，這才是真實存在、有重量的生命！

# 山鳥蟲獸

天色還未亮透，山紅頭第一個搶先，喔，不！第一個應該是雞啼，武距文冠五色翎，一聲啼散滿天星，當窗外還是一片黑暗時，我聽到附近人家飼養的公雞已啼過一遍了，所以，接著才是山紅頭，隨後，黑枕藍鶲、綠繡眼、畫眉一一現聲，熱鬧極了，聽彼落此起的啼囀鳴叫，似乎都在爭論著昨夜發生的事到底怎麼樣了。天光大亮的時候，終於聽到屋前石礱下麻竹叢方向傳來一陣陣竹雞的啼叫聲，依聲勢判斷是一大家族，聯聲齊鳴，聲勢浩大，隨後又引發林子另一邊竹雞家族也發聲響應。

早餐過後，在期待中綠鳩特殊的叫聲出現了，「嗚——哇嗚、嗚——哇嗚」。幾年前還

高棲竹枝上的竹雞。

不識得這個聲音，老覺得奇怪，不解為何總有人喜歡整日不定時地在山裏頭呼喊，尤其是這呼喊聲雖然有遠有近，聽起來卻像同一個人的聲調，更令人滿腹狐疑，後來才明白原來是綠鳩發出的。

綠鳩，普遍留鳥，喜歡在中、低海拔濃密的闊葉林中活動，體長大約三十公分，只比一般鴿子大些，但牠竟可以發出這麼寬厚有力的叫聲，令人驚訝！自從認識綠鳩的叫聲之後，每次在山間活動，聽到牠這熟悉的叫聲時，總讓我不禁莞爾，覺得是老朋友在打招呼，「嗚——哇嗚、嗚——哇嗚」我心裡也這麼回應著牠！

在這片林子裡，棕面鶯曾經用牠那一串串鈴聲般的啼聲，以及飛一小段就停棲在竹枝上、停一下又飛走的方式，誘我輕巧謹慎地追隨牠繞了整座竹林，終於如願地看清楚牠那紅棕的臉色及橄欖綠的身影。若是在屋頂上的平台，因為平台高度接近鄰旁的樹冠層，輕易地以肉眼就能夠觀察到許多鳥類的活動情形；最靠近平台的是一株高大的水同木，水同木的樹蔭遮蓋了大半個平台，所以在平台上常掉落許多水同木的果實和落葉，更可以近距離地看見停棲在樹上的其他生物：在主幹上，一隻攀蜥嘴裡還含著剛捕獲的小蛾，一動不動地盯著我看；在一片葉子的葉背上，聚集了十數尾長斑擬燈蛾的幼蟲，正拚了命地大吃特吃等待下一階段的生命歷程；在距離長斑擬燈蛾幼蟲不遠的枝幹上，一隻金龜子正在休息，在這裡隨時有鳥兒會收翅落下，一邊啄果子吃、一邊啼叫，或正好驚起一隻正在吸吮樹汁的騷蟬，來不及回神，只聽見一路淒厲的蟬叫聲消失在眼前……。

這些年來，在通往平台的樓梯間天花板上，一直住著一隻大蹄鼻蝠，幾年間，獨居的牠養育了

斯文豪氏攀蜥。

台灣大蹄鼻蝠。

一隻又一隻的小蝙蝠，每次和牠相見，看到牠及牠懷裡的小蝠齜牙咧嘴的問候方式都感到非常有趣。為了減少對牠們的干擾，除了偶而因需要幫牠拍幾張照片，通常我們會故意忽視牠的存在，而牠也逐漸習慣我們在牠眼前走動，彼此安心自在！

阿蝠屬於食蟲性蝙蝠，雖然白天總是安靜地倒掛在天花板上休息，到了晚上總不見蹤影，那是牠必須外出覓食的時間，聽說一隻蝙蝠一個晚上可以吃掉數百甚或上千隻昆蟲，所以晚上的阿蝠是有得牠忙的。雖然和阿蝠共居同個屋簷下這麼些年，除了問候時的擠眉弄眼那隱約的細碎聲之外，我幾乎不曾聽見牠發出真正的聲音過，有幾次傍晚知道牠大約要外出覓食了，即使特別留意都還是很難捕捉到阿蝠飛出的身影，頂多在聽到極輕的「拍」一聲的同時，眼角餘光裡掃到靈巧一閃隨即消逝的黑影，那若有似無的聲音和一閃而過的黑影都讓我感

五色鳥。

到非常不確定，總懷疑那其實只是我自己的錯覺而已。

因為從小生長的老家就是竹管瓦房，小時候就習慣在夏天的傍晚看從簷間鑽出的小蝙蝠成群地在天空飛翔，無聲卻覺得熱鬧，母親就會說：「蜜婆出來食蠓仔啊！」後來知道，小時候看到的和現在夏天黃昏常在農田、公園上空或路燈下飛來繞去的小小黑影有可能就是東亞家蝠，只是從來沒有機會仔細觀看過，對牠們的印象總是模糊。而阿蝠雖然行動時無影又無聲，充滿了神祕感，但是當牠白日裡安靜地倒掛在天花板上時，卻也願意讓我上上下下看個仔細，也因為有牠，我特地找出許多蝙蝠相關的資料來閱讀，看來阿蝠是希望我能多多了解牠及牠的大家族。

每年進入盛夏後，先是五色鳥敲木魚似的叫聲響遍了整座樹林，期間夾雜著遠處傳來斑鳩規律的鳴聲，可是，當一陣波濤似的台灣熊蟬叫聲一起，整座林子全部湧起巨大「下、下、下……嗶、嗶、嗶……」的聲浪，時而停歇，隨即又起，聲音裡充滿了急切的召喚，召喚同種雌蟬循聲而來與之交尾，共同完成生命至為精彩的最後樂章。

紅脈熊蟬。

夏天的第一場雨過後，幾乎每天都會來一陣午後陣雨，通常，天未透亮，就能聞得到清朗舒爽空氣中的一絲濕潤味兒，盡管碧空如洗，陽光燦爛，這時候，我喜歡站在屋前小院抬頭望天，清朗的天空在四周大樹枝梢的圍繞中，深邃如一潭湛藍的湖，大冠鳩打著「忽、忽、忽溜～忽溜～」的呼哨來回在湖面滑翔著，跟我一併站在院心的小狗Migo聽到大冠鳩的長鳴聲，突然聳起雙耳，然後抬頭望我，見我平靜如常，知道無須大驚小怪，遂又趴回地上閉目養神，才不過了幾分鐘又讓一陣劈啪聲驚起，翻起身躥地而奔，衝出了小門外，才看見媽媽拿了根竹竿打筆筒樹垂掛的乾枯葉片，這才又垂著雙耳踱步往回走。小狗跟我一樣，只要身在山裡，總也喜歡豎起耳朵捕捉各種聲音並一探究竟。

森林中的聲音不僅讓聽覺靈敏的小狗會留意傾聽，對小孩也是。自從我們在屋頂上的平台完成後，當時還小的女兒芫回到山上時，總是賴在平台上的躺椅裡，她可以好整以暇以平視的角度觀看各種鳥兒在面前活動，平台前方是一棵結滿成熟紅色果子的牛乳榕，後方是巨大的水同木，一年到頭水同木無論是枝梢上、甚或粗大的樹幹上結的是纍纍的球型果實，整個白天這些可口的果實吸引著各種鳥兒來啄食，孩子對紅嘴黑鵯的叫聲和五色鳥身上的色彩最感親切，因為這兩種鳥是她第一隻和第二隻認識的，只要一聽到紅嘴黑鵯獨特地、像貓一樣的叫聲，馬上放下手上的書，展眼四望，到處搜尋鳥兒蹤影，然後小聲地學牠的叫聲：「媽～」，或者對我形容牠的可愛長相以及身上分布的各種色彩。

以前參加野地活動，總有人驚訝何以別人能夠聽見許多聲音或看見許多有趣的事物，而自己卻沒有，殊不知惟有靜默和悄然的行動才能和整個環境交融，才有機會去聽見和看見。聆聽大自然的聲音是享受山林野趣的第一步，許多時候，我會先聽見，接著我才看見。

在每個陽光燦爛的早晨，森林裡總是充滿了喧鬧的鳥叫聲，這時只須靜靜聆聽，就能聽出這其中有各種鳥兒不同旋律的啼囀吟唱；而有時候森林的片刻安靜並非死寂，反而是充滿了所有生物的生命力。我常喜歡在林中某處靜坐或佇立，學習著專注傾聽，傾聽天地間的所有聲音，包括喧鬧的、細微的，也包括靜寂的聲音。

學習著傾聽自然，我自己這麼做，也這麼帶領我的小孩。

# 漫走・觀察

# 漫走

微雨過後的清晨最適合山道上無目的的漫走了，許會遇到正在姑婆芋寬大葉片上休息的樹蛙，許會遇見疾飛而過、稍縱即逝的鳥兒蹤跡，遇到後足花粉籃已經裝得飽滿卻依然勤快地探訪著每一朵花的蜜蜂，或者會像我們一樣遇見一隻碩大的蚯蚓剛好要越過小路，蹲下來看牠費力地伸縮著前進，卻隨著陡斜的路面一路翻滾，好不容易才鑽入草叢中，讓我們也替牠大大地鬆了一口氣，呼！終於安全了！

當陽光從林稍篩落，在一層薄霧中形成大大小小、無數斜斜照射的光束時，也十分適合安靜地在林道漫走，我們也許默默同行，也許一前一後各自領受面前周邊的氣氛。夜裡的一場雨溢出土壤的涵養，順著較低斜的路面緩緩流著，流水有時在路的右邊，有時穿過路中央流向左邊，我們迂迴而行，空氣中充滿了濕潤的氣味，黃藤探身林梢，隨風輕輕款擺，路邊野芭蕉樹下成片地出現了長得十分秀氣的尖舌草，未開花之前，最容易辨識的是它的葉，單葉互生，具葉柄，歪卵形，葉基歪斜，一邊楔形，一邊耳狀，葉尖漸尖形，葉緣全緣，上下表面疏被毛，下表面側脈明顯，生長得非常具特色。

它們各自分布在長滿苔蘚蕨類的石頭堆裡，少許泥沙就足以讓它安身，有些甚至只抓住石頭表

1 姑婆芋葉片上休息的小蛙。

2 勤勞的蜜蜂，花粉囊中已收穫飽滿。

尖舌草精彩的葉及美麗的花。

面，浮根生長，卻每一株都長得清麗可愛，若是到了七月，它那亮藍的鐘形花將陸續由細長的花軸往上開放，花期頗長，直到逐漸涼爽的秋天都還可見。

再往前的這個路段，陡斜難行，兩邊高大的林木完全形成幽微的隧道，隧道阻擋了日照，再加上水氣豐沛，平時少有人經過，路上長滿濕滑的青苔，叫人走來步步驚心，生怕一個失神就腳滑摔倒。但是，一出了幽深林蔭，路兩旁出現的植物就大有不同了，象草占據了整條河岸兩側，其間夾雜著長滿了倒鉤刺的薄葉懸鉤子和葎草，山黃麻、楠木和水同木大約就是這個區域樹冠層最高大的樹種了，它們大都長在竹林邊緣，其樹下空間則由筆筒樹、沙攞、小葉桑、小構樹及苧麻這類較低矮的樹填滿，小樹上同時攀爬了山葛、菝契、繡毛鐵線蓮等藤蔓，而小樹下的空間會看到野薑花、姑婆芋、觀音座蓮等各種大小蕨類及更低矮的小型植物及苔蘚。

在山道上，這樣的灌叢處處可見，我常喜歡選一個抬頭可以看見清澈藍天，近旁看得見清晰山稜，最好是陽光溫暖明亮的時候，坐在無人會經過的路上，只須安靜一會兒，就會聽見灌叢裡有動靜，或看見鳥兒輕巧地穿梭其間。幾次，我在清晨或黃昏看見生性害羞的竹雞就從矮灌叢裡鑽出來，完全無視我存在地在山路上晃了許久，也許時間也不長啦！但已經足夠讓我把牠看清楚了，我體會到，在大自然中唯有虔誠安靜的縮小自己，才能聽見或看見更多有趣的動物或自然界裡的美妙現象。

農路在山裡像蛛網一樣到處張開伸延，它穿過許多農人的土地，串聯了一個又一個聚落，同時也會連結各個鄉鎮。聽說，附近有一條農路通往大山另一邊的鳳凰聚落，中途還會經過一個瀑布，早期交通不甚發達的年代曾經是附近住民重要的聯外道路，後來居民陸續外遷，這條路只有極少數的農人還偶而留下足跡。目前，路的前段因使用較為頻繁，公所在路面上鋪設了水泥，後半段的小徑則早已淹沉在沒脛的荒草之中，有時當親戚朋友來訪，我們也會帶領他們來這裡走一段路，若遇到手上忙，一時走不開，就讓客人自己隨意去走走，等客人回來後，不必等著問，他或她自己就會滔滔不絕地述說一路上之所見，所以當有不須陪伴的朋友來時，我常喜歡遞給他（她）一根竹杖，要他（她）隨意附近走走，看他們將會發現什麼有趣的事情。

有一天，我們順著這條山道想去看看傳說中的瀑布，這條步道從一個小聚落開始，穿過幾家歐式庭園設計的民宿和當地居民的房舍，穿過田原森林，順著一下在左，一下在右的小溪蜿蜒前進，

爬滿藤蔓的灌叢是許多小動物的棲息處。

溪岸旁明亮處長著許多喜歡陽光的象草和人們栽種的山櫻，陰濕的另一岸因處在長林下就生長著許多長蔚薈萃的各種蕨類，路上，時時聽聞到雞啼聲，走著走著，有時烈日明晃晃當空高照，有時我們一起走進清涼的深蔭中，有時遇到當地居民的引水管因壓力宣洩之故，飽滿而乾淨的水一股腦啦啦由設置的排氣閥沖出，我們爭著掬一捧清涼的水洗臉或濯足。

走過一區種滿了五葉松的田，從田裡走出來的老人和善地向我們問候，交談之後知道老人世代居住在前面不遠的小聚落裡，他感嘆著十多年來族人一直往外遷移，無人照顧的竹林荒了，少了人居住及活動的屋子傾圮了，若不是近幾年附近蓋了民宿，恐怕幾年後他死了，這裡將會更荒涼。

那天，我們還是沒能走到傳說中瀑布那兒，倒是在老人家屋前看他老伴釀酒，聽老婆婆如數家珍的釀酒經，這條山溪的水如何甘甜，釀出來的酒如何醇厚，想當年連酒粕餵出來的牲畜都充滿了肥酣酒香，釀出來的酒讓產婦喝了奶水充足，讓家裡老人家喝了長年益壽，而她現在正在為住在城市裡的孫媳婦準備坐月子要用的酒呢！

老夫婦倆該有八十上下了吧？看起來身體健康，個性爽朗，下山途中突然想起祖母，祖母也善於釀酒，自己還是個小小孩的那些時候，私釀米酒是違法的，祖母每次偷偷釀酒時，關門栓户，門窗緊閉，此地無銀三百兩地製造出無人在家的假象，平時白日裡總是門户大開，沒有誰家為著上山下田還關門上鎖的，如今想來，當時村上的那幾個年輕警察應該是心知肚明，睜一眼閉一眼，不拆穿罷了！

多種蕨類在樹上形成絕佳的動物棲避處。

1 育雛中的黑枕藍鶲。

2 白頭翁。

# 小溪

九月的溪水嘩啦嘩啦地流，九月的溪底水灘望去是一片空蕩蕩，因為之前颱風帶來驚人的雨量，湍急的溪水一陣猛烈沖刷過後，原本塞滿整條溪灘地上的成叢成簇的五節芒和一些木賊、石菖蒲及石頭上的金絲草，現在竟全都服服貼貼地拜倒在地上或垂頭喪氣地軟軟垂掛在大石邊緣，連岸坡邊的幾株水柳、密花苧麻、水同木及攀爬到它們身上的山葛、烏蘞梅等藤蔓，也一併梗斷枝殘，一部分像被火燒過似半乾的還留層皮牽掛在樹上，一部分卻泡在流水之中，款擺其葉，柔媚順從，完全不似大水之前的囂張猖狂；這其中尤其是五節芒為最甚，它向來生長迅速，不僅在向陽的山坡上長得好，在這樣布滿大石的溪灘地

石菖蒲與金絲草。

五節芒塞溝囉！進出小心。

上，只要積了沙礫或淤泥的地方，照樣長得茂盛，甚至高過我的身量，每次必須進到溪底巡查水管總要大費周章，一路披荊斬棘才能殺出一條「血路」，因為，這一進一出總會不小心地讓利如薄刃的芒葉在臉上或手上留下一兩道血痕。

這條溪發源自鳳凰山脈，溪流不長卻水質清澈甘甜，自水源頭以降來到我園子附近，除了雜木林就是孟宗竹林，因此溪水未曾遭到茶園常有的農藥及化學肥料汙染，山上家裡喝的水就來自這條野溪。我們的引水是屬於一般山民慣有的傳統方式，不僅水位降低時無水可用，當溪水瀑漲過後，引水的管線也必定遭強流帶走，進溪澗查看水源是山居的一個重要功課。為著不放心赤牛仔單獨進入溪床，我總也喜歡帶著相機緊跟隨著，他專心接水工作，我就在各大石之間找生物拍照，或是撿拾溪裡的可愛石頭，這溪裡產的梨皮石樸拙自然，撿了回

進溪底用鏡頭捕捉各種生物。

家成為門擋，成為紙鎮，成為冬天裡醃酸菜的壓石；或什麼都不做，只坐在大石上看他工作，偶而遞遞工具，在轟然的水流聲中，指引他看一旁附生在石頭上的石蒼蒲有多好看，或不遠處停在石上，不時上下抖動尾羽的鉛色水鶇有多可愛；逢上季節湊巧，我也許就採集溪裡的五節芒嫩莖，接水工作完成時，我的嫩莖也收集了一大綑，回家，它就是晚餐桌上一道美味的野菜了。

剛開始接手管護這塊地時，這溪還只是條寬不過五米的小野溪，當上山工作時常帶著便當到溪邊野餐，我們喜歡各自找個舒適的大石頭坐下，將脫去鞋襪的雙腳泡在冰涼的水裡，一邊吃著冷了涼了的便當，一邊抬頭搜尋四下不停啼叫的鳥兒蹤影。當時的小野溪橫過林中小路，水深不及膝，輕易地就能親近，若嫌脫鞋麻煩，只要砍下幾根竹子排放著就是一座小橋了，或只要搬幾個稍大些的石頭一列放妥，點跳著，也不須涉水就到了對「岸」。

在那些年裡，我們在山上還沒有房子，卻盡情地享受林間充溢的放恣野性，充分享受那一份大自然裡的奔放自由，常鑽到藤蔓在頭上樹間牽扯不清的溪裡，搬石頭，捉魚蝦，赤足在長青苔、濕滑的溪石間移動，也許一個不穩滑倒，爬起來衣服頭髮溼透還是不願離開水邊，非得冷到打哆嗦了才不得不回到陽光下尋找溫暖；或者，在半天勞作之後，我遍找不著赤牛仔，來到水邊赫然發現他脫光衣服在一處隱密的水潭中打水花，當時四十幾歲的大男人活像是個頑童似的這麼全然地享受著大自然，享受著天地間至真至誠的美好，那個赤裸展現天真的情景至今我依然難忘。

後來，有人在溪上築了座水泥橋，為了築橋，溪床整個被挖開、甚至挖深了，花幾個月的工程

溪裡醜陋的水泥建物。

期，水泥橋是築好了，也留下一地水泥塊及殘破的版模，溪卻難以親近了，好長一段時間，我們僅能站在橋上俯瞰靜靜流過的溪水，看清澈溪底一尾尾游動的魚，再無興致戲水。

幸而經過一段時日之後，橋的上下兩側又草木扶疏，垂藤處處，赤牛仔卻發現橋底下別有洞天，當初築橋時留下的地基經長時間水流沖刷及砂石堆積後，形成一個小水池，為了戲水，他再度砍出一條迂迴小路下到溪裡，再度脫去衣褲下水，這回他得先建設，在水中摸索，一一將水裡的石頭、砂石搬來築堤，攔下的水就變得更寬更深了，他說：「看！可以游泳了」，他真的來來回回「游」了起來，不只他自己游，也力勸我一起下水，嗯，謝謝邀請！我怕冷，還是坐在陽光下的大石頭上欣賞就好。

盡管我難以和他同浴愛河，但是我喜歡在一旁看著他自得其樂地玩。其實，他在做這些事時的興奮完全像個固執不講理的小孩，我常想，雖然在成年後我才認識他，怎麼我卻常有看見他童年的感覺？像他這樣的人就該有這麼一處野地讓他徜徉，就該有這麼一條野溪讓他浮游，這座林子是我費盡千思萬想才獲得，原本還擔心他一個城市小孩出身的中年人來到山上會有障礙，沒想到他竟然玩得比我開心，天生本性，他的率真，他的寬厚放鬆是我不曾有的。

當初選擇這片林地是因為旁邊就有這條小溪經過，當春天溪水滿漲時，我們在小屋就可以聽見溪水在石間滑落的清唱歌聲，夜裡更常聽見夜鷺由溪邊傳來的叫聲，深潭淺灘處有魚有蝦，石隙下藏身的毛蟹通體血紅，或者常看見沙地上早已泛白的零星蟹的遺骸，赤牛仔曾看見一隻食蟹獴橫過

食蟹獴的餐桌。

小路，鑽入溪畔草叢之中，可想像在天亮之前，這溪裡該是多麼熱鬧的景況呀！

小溪在二〇〇一年七月底桃芝颱風來襲時發生嚴重土石流，隨後的野溪整治計畫讓公所花了大筆經費，在溪裡建造了三座巨大攔擋砂石的水泥建物，每回看了心裡就嘀咕著不僅浪費公帑，這三座怪物站在這裡還真是煞風景。所幸，沉默的大地有著強大自我療癒的能力，不過三年，率先落地的植被已將亂石全然覆蓋，繼鼠麴、鬼針、昭和草和一些禾本科植物之後，喬木類的山黃麻、構樹、小葉桑、水同木和血桐也陸續在這塊地上爭搶立足之地和頂上的陽光了，現今，從我林子邊緣的橋上往上望，醜陋的巨型水泥建物在大自然溫柔的包容裡看起來已經不若當年的突兀礙眼了，至於溪的下游，因為經費不及使用到這裡，這些地方反而更早恢復到最初我們來的情景，不禁感慨著，若人們願意更耐心一點觀察和等待，其實無須有這許多的浪費和破壞。

# 檳榔園

緊臨我屋子南邊的這片檳榔園猜想是近年價錢不甚如意，已不見有人承租，這倒是好極了，荒在那兒，整座園子說多青翠就有多青翠，檳榔樹上的崖薑蕨，一簇簇比大圓桌還要來得大，也幾乎在每棵樹上都爬滿了三出複葉的山葛，這山葛屬於大型藤蔓，它的蝶形花直立地密生在花軸上，當時序一進入秋天，陸續的一串串紅紫到粉紫的花色就在這片暫時被廢耕的園子裡蔓延開來，山葛長達十至十五公分菱狀卵形的葉在樹上款款擺動時，坐在屋裡，我就感受到一陣陣清涼的山風，輕柔綿長地拂來，尤其當花開時，整座園子仿如一支支參天巨柱，在柱頭上仰望蒼天的青龍渾身盤旋抖動著，只待風雲一起，即刻得以飛昇上天。

檳榔園從平地到低海拔山區到處可見，檳榔攤在各重要公路兩旁也集結成市，我不知是因為檳榔栽植茂盛之故才造就如此廣大的檳榔愛好者，還是因為市場需要才有今天放眼盡處皆是連綿檳榔山的景況。

我對檳榔樹並不厭惡，正確地說是有一點喜歡，記得小時候，稻田邊那麼一列檳榔樹還曾經是小山村的風景之一！每年開春播種之前，盈滿的水田裡倒映著檳榔樹依序高瘦的影像，在料峭寒風中瀲洄搖移，幾隻白鷺輕巧地在水田中覓食，然後仿似說好了一般，突然一起拍翅飛起，互相粗啞

檳榔樹幹上旋攀而上的山葛。

地嘎嘎叫上幾聲，就飛進稻田另一邊墳場的竹林裡，這時，夕日逐漸由絢爛轉暗沉，整片田地霎時寂然無聲，等到我回神，母親已挑起水桶呼喚我回家了，再次轉頭回望，檳榔樹倒影正好從最後一抹餘暉中隱去。

其實，我是一直很喜歡檳榔樹的。

二十五年前買下這塊林地時，只留意到隔鄰是一片茶園，因為它跟鹿谷地區其他整齊有緻的茶園景緻完全不同，它瘋生怒長，生意盎然，原以為早已棄耕多年，直到聞到濃烈的檳榔花香，才猛然發現它其實是一塊檳榔園，但當檳榔價格差的時候，檳榔樹下種下了屬於高經濟作物的茶，我們這片坡地位於大山西麓，土壤貧瘠，日照晚，先天失卻種茶的好條件。有一天，我在屋裡聽見轟轟電動鏈鋸的聲音，出來一看，原來有兩個工人彎腰埋頭在砍伐茶樹，一天下來，茶樹盡除，幾株靠近我園子邊界的因草長茂密而倖存，我心想，可惜了這些放養多年的茶葉了，還來不及去拜師炒茶揉茶就都沒了。不過，我又充滿了好奇，不知它這回會被種下些什麼？經過許久之後，紫花藿香薊長滿了整個園子，紫花盛開時，滿園子飄著迷人的紫色煙嵐，美得不得了，這時我確定它就是現在的樣子，紫色花海以及不定何時檳榔葉鞘猝然落地的聲音。

我一直暗中期待，期待哪天地主將檳榔樹砍了，那時我就去搬來蓋個材棚或再蓋個小屋，檳榔樹幹挺直強韌是蓋屋的好材料，我在台東看過檳榔樹幹蓋的房子，所有的支柱牆壁都以檳榔樹幹為材料，幾分滄桑斑駁的美和竹屋有不一樣的風情。

從我的外灶間看出去的檳榔園。

走路時，不僅是走路，我們也喜歡觀察，觀察在不同的季節裡看見的生物，觀察花樹山景在四時的多樣變化，觀察自然的更迭，觀察人為的改變，有許多事其實無須紀錄，只須放在心裡，只需去感受。在山裡走路，我們喜歡隨處走，隨處看，也會隨處停留，有時，我們僅帶著飲水，有時會帶熱茶或咖啡，一些餅乾或水果，簡單但充滿野趣。

# 第二章

# 料理與廚房筆記

# 廚房三部曲——食材、節能與增加產出

# 匏仔菜瓜

年輕時的我雖然不致於連匏仔菜瓜都分不清楚，但是，真正知道該怎麼烹煮的菜確實沒幾樣。小時候家裡有個小菜園，母親平時栽種的大約是空心菜、厚末、紅鳳菜、韭或絲瓜等尋常青菜，唯有在入秋後菜園才會稍微熱鬧一點，多了芥蘭、白花椰、蘿蔔、芥菜等蔬菜，而我們的三餐料理通常只以一點油鹽煮熟，若是菜裡多了蒜碎或蝦皮爆香，那可能就是家裡來了親戚，招待客人多少總得額外加料，免得過於寒磣。

那些捧著飯碗到處遊走的童年時光，碗裡永遠是不見葷腥的青素及醬筍蘿蔔乾，我們卻從來不曾覺得其中少了什麼，依然滋味十足，每餐都吃得肚子圓滾滾，還意猶未盡地舔唇咂嘴，心滿意足極了！餵養我及弟妹們長大的一直是自家地裡長出來的青菜蘿蔔，而這樣最素樸的味道，我們自小就習慣，也喜歡。

記得國中畢業前參加了學校辦理的建教合作，那是第一次上台北，晚上在私立高職上課，白天被安排到一家電子公司打工，這家外資設廠的電子公司規模龐大，廠房建築雄偉，雖然公司內部就設有整潔明亮的員工餐廳，但是，隔著馬路，在電子公司對面卻存在著一大區低矮的違章建築，其中有許多小吃攤，裡面長年擁擠又悶熱，吵雜而髒亂，空氣中混雜著人們勞動後的汗水和環境裡長久累積的腥臭及食物熱炒後的香氣，這些混雜後的怪異味道有一絲令人反胃，卻又那麼令年少的我興奮。

盡管環境惡劣，這裡的飯菜卻比員工餐廳便宜許多，所以我就隨著較年長的同事於每天中午鑽進幽暗的棚架下買飯吃，當時最常吃也最喜歡的菜就是洋蔥炒青椒，不知道為什麼我可以每天吃都不覺得膩，也許是洋蔥的嫩滑鮮甜，加上青椒在油鹽高溫煎炒出的椒香味充滿了甜香和溫暖，正好安慰了當時我倍感惶恐困惑的心，更重要的是當時正在抽高長大，洋蔥青椒俗又大碗，分量多，把肚子填飽了就不會憂傷地只會想家。至今，洋蔥炒青椒依然是我很喜歡而常吃的菜，這兩樣食材幾乎都會備著，當孩子不在家時，我喜歡炒一大盤洋蔥青椒和赤牛仔直接當晚餐吃，即使少鹽少油都爽脆香甜，令身心愉悅！

正因為一直習慣為數不多的幾類簡單食物，當國中畢業後在台北找到幫傭工作的外省籍雇主郭老師教我作菜時，讓我這個鄉下小孩驚訝地發現竟然有這麼多我從來不認識的食材，想要一一認識都得花相當時間，更遑論要學習料理它們了。在我的家鄉，有滿山遍野的百合花，菜園裡有旋攀上竹籬的紫薯，林子裡有掉落滿地的軟紅柿子，我卻在台北吃到昂貴的百合和淮山，吃到表面滿布柿霜切得小塊的柿餅等等，此種種皆讓我有某種程度的驚訝和困惑，不知何以換了場地、換了人處理，食材竟表現出截然不同的樣貌和價值。

在郭老師家，我看到有人在年節時送來的禮品，有整籃吃時必須用特殊工具壓開的核桃、有發著綠色霉斑的火腿、有珍貴的蔘棗養生藥材，每一樣可都是我第一次看見，稀奇得不得了；也在台北，市場攤位上琳朗滿目的水產及肉品和許多新奇的進口水果及蔬菜，看得我是目瞪口呆，心裡雖然極度渴望知道架上那些是什麼樣的商品，卻怯於顧店守攤人精明犀利的眼神，不敢向前探問。

老實說，當時盡管感到驚訝好奇，這段年少短暫而粗淺的台北經驗影響我的其實不多，因為我知道這些所謂的高貴食物離我的生活遙遠，我也從不羨慕或冀望擁有。事實上，寄居台北，我更想念的是母親韭菜大麵的味道，是家鄉年節時特有大封的味道。後來在我當家庭煮婦的半生中，不得不承認雖然每日三餐照樣忙著張羅，卻從來未曾認真用心地料理過食物，因為自己總偏執地認為，能夠欣賞平淡滋味的才是真正吃家，而且赤牛仔對食物從不挑剔，憑我的三流廚藝，他幾乎每一樣都吃得津津有味，我也就愈發放任自己了。

可是，當有一天成為施雜貨的廚娘，我醒悟到再不能像以前那樣地隨興和潦草了，我必須用審慎的態度重新認識食材，必須重新檢視我的做菜習慣，更要用心學習該怎麼料理。

開店四年多來，被挑剔為難的事當然不曾發生過，不過，我想那是上天的眷顧，讓我們遇到的都是非常友善、富有包容心的好客人，這些後來幾乎都成為我們好朋友的客人不僅大度包容，更是多方鼓勵和支持，讓我知道其實不需要刻意模仿其他廚師精細繁複的料理，因為，就憑我想模仿也不會像，不如就誠實地做自己，只要單純表達對食物喜愛就能作出該有的滋味，而這樣才會是屬於我自己的味道。因為這個轉折，我竟意外地發現，我對某些食材有特別反應，會怦然心動，像準備好要談一場戀愛一樣。

初當廚娘時，我必須先確定菜單才會出門買菜，因為依照菜單作菜比較不會出錯；後來，我喜歡由農夫直接配菜，或以當天買到的菜決定菜單，這麼做有一點挑戰，但是也會有出其不意的驚喜。有一次，來了一批歪歪小小的蘿蔔，拿在手上就知道過老了，不僅不能燉湯，連要拿來紅燒都會讓人吃出一堆纖維來，想了一下，看窗外秋日驕陽猛烈，立即洗淨切成薄片，在屋頂上曝曬一日，第二天，這辣炒蘿蔔錢成了我的一道小菜，客人們大讚好吃之外，還要求續菜。

關於選擇食材，我最喜歡的是認識的人栽種出來的稻米及蔬果，因為知道他（她）是一個愛護環境的人，所以絕不會做出傷害土地的事。現在，我更喜歡的方式是自己採集，離我最近的採集點是屋頂上的香草花園，當初種香草是為了裝飾擺盤和作為食物香料，但是菜畦裡總會長出自然落種的野草，這些野草中除了葉下珠及莎草會被拔除之外，其他諸如咸豐草、紫背草、青葙等等，大都會被我當一般蔬菜看待，三不五時地成為桌上的一道鮮蔬或湯品；而更多的野菜來自鹿谷山上的園子裡，隨意採集，用直覺或想像力料理常有意想不到的驚艷，自然野地有更多美好事物等著被發現。

# 愛惜水源電力

長久以來，我從生活中已摸索出自己的一套節能及降低污染模式，甚至把問題變成產值增加的做事方法。我手洗衣服，洗衣服的水留下沖洗馬桶、擦地或澆花；廚房裡洗菜刷鍋的水留下，帶泥沙的、有油汙（重油汙的先以少量水刷過，直接進廚餘桶）的澆門前花樹，免得排水溝淤積，後幾道清澈的沖刷小狗尿尿或澆花。充分利用日光：曬衣物，曬果乾，曬豆腐角，曬菜乾菜脯，曬豆皮，還有曬小狗（洗完澡，曬太陽，小狗和我都不喜歡吹風機）。每天產生的生廚餘用木作後留下的木屑覆蓋，每個星期帶回山上作堆肥，堆肥熟成後帶回來屋頂菜園使用，或直接留在山上幫果樹加肥料。

後來因為開店做生意，我每天最大的消耗是用來清潔食材及食器的水，曾經計算過在水龍頭全開的五秒鐘裡，流下的水約有六百四十五克之多，足夠煮兩碗湯麵了。雖然我們只是一家小店，但是每天洗菜備料的時間大約需要三到四個小時，出完餐以後的善後清潔至少得花兩個小時，水龍頭開開關關消耗掉的水實在無法估算，我能做的就是水龍頭關小一些，讓水流慢一點，再就是稍有計畫性地重複使用。

重複使用自來水也許會麻煩一些，但這絕對是做得到的。我心裡常記得阿寶的一句話：「我們只要想想它的來處，再想想它的去處，我們就會謹慎而小心使用。」阿寶講的正是對水資源的利用，她住在無水的果園裡，長久以來，喝的用的幾乎是雨水，深刻地體會到無水可用的不便，故她珍惜每一滴水。的確，台灣是嚴重缺水地區，每年都需仰賴五六月間的梅雨季以及會造成災害的颱風帶來雨水，才能為各地水庫注入水源，又需政府花大把經費把水處理乾淨，而我們卻只貪圖便利，毫無感覺地接用，任它嘩啦嘩啦地流。

依我的工作經驗，只要稍作安排並養成習慣，同樣可以達到省水的目的，又能便利地把事情做好。通常我的水龍頭底下都會有一個盆子接水，水槽旁一定會有一個承接髒水的桶子，開始工作時，我會先檢視當下準備要清潔的食材，依序從較乾淨的食材，比如豌豆、玉米筍、茭白筍……等先洗，帶有泥沙的根莖類蔬菜則留在最後，這第一道輪流洗完的水到最後一定髒污，當然倒進桶子裡囉！第二道再來一個回合依然進桶子裡，當水

水槽邊接水的水桶。

桶裝滿時，知道我工作習慣的赤牛仔會幫忙提水出去澆花木，他忙的話，花個幾分鐘時間我自己來也沒問題，這麼做，不僅保護排水管的暢通，還澆灌了花圃植物，順便提水活動一下筋骨。

我自己一直非常喜歡吃蘿蔔葉菜乾，後來還把它加工做成食品上架販售，而這蘿蔔葉在萎凋曬成菜乾之前常夾帶泥沙，為了洗淨它，嘩啦啦的水一盆接過一盆，雖然洗過的水也都再次利用，但用水量依然讓我心虛，最後琢磨出一個好方法來：菜乾先洗過幾遍後，我用三個盆子裝水輪流使用，用過的一盆就在一旁等待細砂沉底後，再輕輕將清水傾倒至另一個空盆後繼續漂洗菜乾，沉底的沙和留下來少量的水集中後倒在花圃，如此循環再使用，水省了些，清洗的目的也達到了，而我也獲得心安。

芫幾乎每天早上都會用烤箱來烤當天要用的麵包或甜點，後來我留意到烤箱在達到工作溫度前會需要一段

利用烤箱餘溫烘小狗愛吃的雞肉肉乾。

時間的預熱，而這樣的溫度和時間正好足夠我做一些蔬菜或堅果的烘烤。除此之外，當烤箱完成工作，關掉電源後，時常溫度都還在一百八十至兩百度之間，有時甚至還會更高，這時候利用它來烘給小狗的肉乾最好，逐漸下降的溫度不致讓肉片烤焦，所以也無需特別照顧，電能被省下來，也又多做了一件計畫中要進行的事，有時候，一時沒想到有什麼是有待烘烤的，那就烘烘等待晾乾的玻璃金屬陶瓷材質的器皿也是不錯的。

除此之外，我還會利用烤箱的餘溫來烘烤豆渣或豆皮。做完豆腐以後的豆渣營養價值高，這些市面上僅占少數的有機黃豆餘下的豆渣還保留許多營養成分，仍十分珍貴，我利用它炒豆酥，可以灑在米飯上當飯鬆，也可以入菜料理。

## 惜情——青青小苗兒

在每天買回來的青菜中，會發現有疏苗或連根拔起的蔥、蒜、芹菜和香菜，在切除根部時我會多留一小段，然後把它們栽種在屋頂的菜園或陽台的花盆裡，甚至洋蔥或菠菜、高麗菜的根部或梗我也試種過，有些太過細小，情況不佳的也許會直接爛在土裡，不過也有成功種活的，那都是多出來的驚喜。不過，青蔥絕對是屢試不爽的，根根苗兒青壯，劍葉挺拔，甚至結苞開花，第一次剪下花苞拿下樓來給芫看，她驚喜地直說可愛極了，趕快

芹菜根頭長出來了。

1 蔥頭冒出新苗。
2 茂盛的蔥。

找隻秀氣玻璃瓶插上，還可以天天觀察它花開的變化呢！

有一天，我做了花生豆腐，裝盤出餐時，芫說：「感覺這花生豆腐過於樸素，需要一點合適的植物點綴。」我及時想起早上在菜園裡看見我前些時栽下的芹正開出可愛的繖形花，「有的！」急忙奔上樓剪了一枝，這一小枝細碎花葉要妝點菜餚是綽綽有餘了，無論是花，無論是葉，無論是香氣，都好極！

整理廚房時，發現遺落在架子底層角落的一顆馬鈴薯萌芽了，萌芽的馬鈴薯芽眼附近會含有大量有毒龍葵素，也叫茄鹼，是一種神經毒，不能再吃了，怎麼辦？丟掉嗎？當然不！我從馬鈴薯的每個芽眼處分開切塊，再一一種到菜畦裡，過不久就長出肥大的葉片，一個多月後，竟收穫了十幾顆。之前，網袋裡的薑蒜也常在未留意時

再次回種的馬鈴薯，右上角則是正在曝曬的豆渣。

發芽了，我的處理方式就是直接把它們種回土裡，給它們一點時間，就會有非常划算的回報。

在我小小的菜園裡，有三個植栽籃是長得非常茂盛的韭和一簇與韭長得非常相似的紫嬌花，韭怎麼移植過來早已忘了，應該是從建立屋頂菜園時，它就已經是菜畦裡的一員，屈指數算了一下至少過了六個年頭，也算元老了，只要從地面上齊根剪下，薄薄澆灑一些稀釋過的果皮發酵液肥或夜裡收集的尿液，很快地就又長得茂盛蔥蘢，美盛而光悅。

至於同樣是石蒜科的紫嬌花則是我從梨山帶回來的，從五、六根細小瘦苗長成現在的榮榮苒苒也不過三年多時間。紫嬌花的花期本來就長，在溫暖的環境中更是花開不迭，總是一直看見它頂生的紫色聚繖花序，秀氣嬌俏，飄渺夢幻。原產南非的紫嬌花在西方國家被視為香草，廣泛地應用到食材上，我不只拿它當韭菜食用，也喜歡用它的花點綴食物。

紅鳳菜、白鳳菜都是梅和芫喜歡的青菜，無論下到早餐的麵食裡，或少許水和油煮熟，再淋上一點油膏及我自己做的豆豉辣椒，就是一道絕妙小菜。紅鳳菜的花青素豐富，紫紅色的葉片光滑而硬挺；白鳳菜葉片青嫩，表面上有一層短而柔的絨毛，這兩種菜生命力旺盛，我常將摘了嫩葉後的老梗種下，因而常有這兩樣菜可食。

在工作忙亂之中，菜頭菜根常輕易地隨手就會被丟棄，而我在看見時總是會多了那麼一點感覺，就像在處理青菜時常會看見的紋白蝶幼蟲一樣，我該拿這些青蟲怎麼辦？丟廚餘桶？垃圾桶？還是放到收集的堆肥桶裡？不！看牠們蠕動並狂吃著菜葉，我實在無法忽視牠是有生命的，但是這

紫嬌花。

些蝶們的幼蟲食草狹窄，沒了食物，最終依然只有餓死一途，故我的廚房裡常會有一個裝滿青菜的透明罐子，罐子口上用橡皮筋束緊紙巾或紗布，裡面就是我飼養的幼蟲們，像小時候學習養蠶寶寶一樣。這些幼蟲之中，過小的也許沒機會長大，早早蜷縮乾死了，通常，只要接近三齡的幼蟲就有機會結蛹，一旦結蛹，我就會在約一星期後將其他幼蟲移出，然後將紙巾或紗布取下，把罐子放到菜園避雨處，讓羽化後的蝶可以順利飛出。

在做這些事時，我其實沒有任何特別期待，我真正想照顧的是自己當下的心，當下的一時不忍心而已，然而就一個簡單的動作竟然又能看見盎然有力的生命並接受了它產出的回饋。所以，當看到栽下的一小段根頭冒出青綠小芽，或看到罐子裡留下空蛹殼時，心裡會感到一絲欣慰並忍不住要讚嘆這些小小生物展現出來的美好。有時，廚房裡難免缺蔥少蒜，那時，它們就在屋頂上的菜園裡等著採摘，幫菜入味，這種輕鬆愉快絕不是還須要匆忙衝出門去買可相提的。

至於其他的剩餘材料，包括花椰菜和高麗菜的外葉或老葉，削下來的馬鈴薯皮、蘿蔔皮或人不吃的老菜梗……等等，小狗從來不嫌棄，一鍋混了麥片或米飯的雜碎，總讓牠們吃得好開心。

有一次，同時收到一批十餘條大冬瓜，在處理冬瓜時卻留下大部分不能吃的瓜皮和瓜囊，利用它們，我做了四大缸的酵素清潔劑，不過才花了一點錢購買提供微生物菌食物的黑糖，不但解決了大堆生廚餘的問題，還有清潔劑產出，可謂高投報率啊！

1 高麗菜梗種下之後重新長出的形狀雖奇特，但切下炒了還是相當好吃。

2 扦插的白鳳菜長得茂盛。

**清潔酵素可參考主婦聯盟推廣的作法，其步驟如下：**

1. 凡新鮮果皮或蔬菜老葉殘渣洗淨後，皆可與自來水及黑糖進行發酵。
2. 水：蔬果：糖的比例為：10：3：1。
3. 備一個有蓋塑膠瓶，將全部材料放入，最多只能裝到八分滿，預留發酵時的膨脹空間並攪拌一下，讓黑糖順利溶於水中。
4. 瓶身貼上寫有材料內容及製作日期之紙條，置於陰涼處。
5. 每日蓋緊瓶蓋後搖動瓶身約十下，動作完成後鬆開蓋子，或以不沾生水的棍棒攪拌，阿默則直接以洗淨擦乾晾乾之手伸入瓶中攪拌。
6. 三週後將瓶蓋轉緊，靜置兩個月後即可打撈使用，剩餘渣籽可作堆肥。

**使用說明：**

1. 稀釋十倍，可用於居家清潔，如家中地板及廚房的蔬果、碗盤、爐具清潔，沐浴、洗髮、洗衣等等。
2. 稀釋五十至一百倍就是液態肥料，可用於花木或蔬菜的澆灌。

柑橘與冬瓜皮和瓜囊的清潔酵素正在發酵。

# 發酵物

# 有請酒神

這裡是蓮華池的火焙坑，前有蜿蜒而清澈的小溪泠泠往五城而去，後依渾圓而敦厚的山丘，山丘上蓊鬱的孟宗猗萎晃悠。在梅香姊的小屋裡，我們幾人圍桌而坐，架在一旁的大圓篩模上，攤開來的是等待降溫的糙米飯，熱氣蒸騰，米香四散。接著我們趁糙米微溫的時候下酒麴，一旦入缸，接著將是持續十天到半月的安靜發酵，然後看糙米的醞釀情況，梅香姊姊就會選定一天，大伙兒將再次齊聚，生火起大灶，在虔敬的氣氛中釀出美酒。

釀酒這件事在我記憶中還留有祖母及母親緊張兮兮地關門閉戶，並時時小聲地警告我們不得聲張，然後躲在暗黑廚房裡提水舀酒糟的鮮明身影。在六、七零年代，酒和菸一樣都受到極嚴格管制，專屬菸酒公賣局，而市售的這些酒不是價錢太過昂貴，就是酒質實在拙劣，而酒在農村生活裡又這麼不可或缺，不僅恭奉神明需要三牲酒禮、廚房烹調進補料理需要酒、女兒媳婦坐月子需要大量的酒來燉雞，就連家裡老人家夜裡睡前都需要酌上一口老酒才能一夜好眠到天明，因此，民間想自釀米酒只能偷偷摸摸地進行了。

因為常幫釀酒時的母親打下手，我自小熟悉所有釀酒器具和整個釀酒的原理和程序，甚至如何避免釀酒時有可能觸犯的禁忌，都在母親一邊打酒糟、一邊檢視出酒情形的過程裡，源源娓娓、仔仔細細地告訴過我，那時候，也許母親心裡想的是期望有天我當了人婦後，也能為我的家人釀出好酒來。殊不知來到我這一代，上一輩農村婦女需要具備的十八般武藝已被解除，頻繁的商業活動衍生出許多代勞行業，母親已不必憂心我年節時不會蒸年糕、不會包粽子、不敢宰殺雞鴨……等等家事，會在婆婆妯娌面前被訕笑而抬不起頭來，尤其來到講究自由並尊重個人風格的現今，母親甚至不用擔心我不懂兒女迎娶婚嫁的傳統禮數了。

但是，唯獨釀酒這件事在我心裡卻時時發酵著，我想念那個輕手輕腳、小聲交談、謹慎虔敬的氛圍，想念那個母親從出酒口接一小匙酒，她自己啜了一小口試喝之後，滿意地招手示意我也來喝一口，那酒湯看起來清白無色，輕輕沾唇卻濃烈辛辣，母親告訴我：「今天釀的酒，真好！」。

中年以後回到山上過起假日農人生活，幾回跟母親提起山上有好水，咱回山上釀酒吧！母親卻以缺少器具為由，三言兩語搪塞了我的念想，看來年老的母親不再有釀酒的興致了。

釀酒這件事，一如梅香姊下了酒麴的糙米，持續地在大陶缸裡安靜地冒著細小氣泡一般的，也在我心底醞釀著，不時地，就冒出個香甜氣泡讓我知道這事還沒了。年紀大了以後，一直承認自己喜歡到處捕捉訊息，只要是有趣的事都想參與。約二十年前，朋友送了一簍檸檬，檸檬無法當橘子吃，若全擠了檸檬汁也沒那麼大的冷凍庫，正愁怎麼處理才適當時，陶藝家朋友馬上給了一份果釀配方，聽說完成後的發酵飲非常神奇，我想發酵這件事，起碼是個很好保存食物的方式。

於是，再次開啓了我和微生物菌交手的機會。

檸檬橫切成片與等重砂糖一起下缸，糖的逆滲透作用讓檸檬快速出汁，盈溢的檸檬汁則讓砂糖在攪拌的助力下迅速融化，水果自身的酵母菌和糖起了作用，產生酒精和二氧化碳，二氧化碳於是製造出許多的細小泡泡，看這情形，我知道此時的發酵正在活躍地進行。每次在進行攪拌時，我喜歡事先把手洗乾淨、擦乾並等到完全乾燥時，用自己的手掌先將表面的水果以相同方向往深處壓，讓它們和底下一直泡在糖液裡的水果互換位置，確保每片水果都能泡到糖液而保鮮；接著，我直接把手伸到缸裡最底部，用指頭一一挑起還未溶解的砂糖，讓這些積沉的糖再次漂浮旋轉在液體中，幫助它們盡快溶解，化成更細小的分子才能成為酵母菌的食物。

每次完成這些工作時，我都會獲得獎賞，那就是整隻手的甜蜜及香氣，像個歡欣鼓舞的小孩子一樣，我歡喜地逐個指頭吸吮，細心地品嘗著這發酵湯液每

安靜醞釀中的檸檬。

天都在改變的奇妙風味；我也喜歡靜靜地蹲在大玻璃缸前面，仔細地看細小泡泡沿著透明缸體一串串相伴浮昇，彷似，我聽見了小泡泡們爭先恐後、相互競跑的活潑喧鬧聲音。

酵母菌是一種非常有意思的微生物，它們喜歡安靜，攪拌時的擾動讓它們產生的氣體迅速膨脹，泡泡急速增多，湯液滿漲，在我試過的水果中，以樹葡萄最為活躍，有一次甚至讓湯液帶著果粒衝過瓶口，流了一地黏膩，過後再也不敢貪多，預留半瓶空間做緩衝是必要的措施。還有另一種喝起來像是汽水的發酵飲料，製作過程和前者非常類似，也非常有趣，差別的只是糖的比例大幅減少以及瓶口必須密蓋。就在去年，好友碧鶴來訪，我們一起上山採集松枝，回家後仔細洗淨，再用冷開水或無菌過濾水漂洗，然後加10%的糖水密蓋在玻璃瓶中，因為製作的當時是涼爽的秋日，碧鶴告訴我可以放在照得到陽光的窗台，斜照或短暫直接照射的陽光溫度可以幫助它有更好的發酵。

約一星期後，我把稍微搖動就不斷冒起泡泡的瓶子帶進廚房，興奮地把家人都召集過來參與這神奇的一刻。拿在手上的這玻璃瓶不大，內容量大約六百五十克，塞得緊緊的松針在湯液中因為發酵而微微泛黃，發酵時產生的氣體在緊密的空間遭到壓縮，瓶蓋因此更為緊密，不易旋開，好不容易移動了一點即聽到氣體外洩的斯斯聲，趕忙又轉緊，如此慢慢放氣才得以順利打開瓶蓋，喝上一杯充滿松香的發酵飲後，眾家人都説比汽水清爽多了，而且，五葉松口味，有錢還沒處買呢！

通常我只在突然有盛產水果出現時才會動手製作水果酵素，例如妹妹家的樹葡萄成熟了，阿寶的紅櫻桃、烏梨的產季，或者她在每年六月間疏下的奇異果小青果。果釀的製作簡單，當家裡如果突然來了一批蔬果，一時吃不了都能以此方法製作保存。

1 梨山寶蓮園的紅櫻桃。

2 晾乾。

3 準備發酵。

**配方及作法如下：**

1. 水果或根莖類蔬菜和二號砂糖的比例為1：1。

＊二號砂糖比白砂糖冰糖自然，若在意湯液色澤，可選脫色白冰糖使用。

**做法：**

1. 蔬果洗淨晾乾，（個頭大的可切塊或切片，較易接受糖的逆滲作用而出水）與同等重量的糖一層層入缸，第一週，每天攪拌一次；第二週，每兩天攪拌一次；第三週，每三天攪拌一次。之後，靜置四十天，即可打撈。
2. 該注意的是裝缸時只能裝七～八分滿，預留攪拌時因發酵的活性強而滿漲的空間，果釀為好氧發酵，故瓶口僅能以紗布覆蓋並置放於陰涼處。

# 深沉的醞釀

不同於酵母菌，乳酸菌是我比較熟悉的微生物，我常說：自我學會吃飯，我就開始吃各種釀造物，孩提時代吃最多的就是蘿蔔乾、醬筍和包括高麗菜、花椰菜、蘿蔔葉及芥菜等各類菜乾。常見人們把許多疾病歸咎於各類醃漬物，我一向不以為然，相對現今食品加工品族繁不及備載，看也看不明白的各種添加物，只以鹽漬的食物相對更安全不是嗎？

也常聽人提起漬物就一定會讚嘆日本人的飲食生活，以及他們對食物保存的用心。在我的家鄉，家家户户都懂得在特定時節要漬出特定的食物，所以，也許在陰涼的牆角，也許在深黑的櫃裡，都藏著那麼幾罈顏色已黝黑的老蘿蔔乾、醬筍或梅子；也許在後屋穀倉，也許就在充滿煙氣的灶腳，從屋樑上垂掛下的竹籃裡正收著曬乾緊裹在袋子裡的乾菜。

當我還是個小孩，炎炎夏日沒有胃口的時候，父親就會拿個小碟去後壁間找醬筍甕，移去倒扣甕口的一個破碗，打開厚厚的蓋布，再輕手探到深深的大甕肚子裡，小心地用合併的四根指頭托出一塊發酵得軟爛泛黃、但酸香味四溢的醬筍，回到廚房後仔細地洗淨剛剛從菜園帶回來的芫荽，上砧板切碎，厚厚地鋪在醬筍上，再淋上一點痲油，那一餐飯，吃得飯鍋底朝天，心滿意足極了！

在適合栽種蘿蔔的冬天，在該疏苗之前，母親就會常從田裡拔幾根小蘿蔔回來，一條蘿蔔縱切兩刀成四稜，隔天太陽下曬到萎軟，舀一瓢醬筍湯泡到第二天早上，正好切片配熱呼呼的粥吃，酸鹹適度。醬筍湯不只漬蘿蔔，也漬破布子。早年農村還沒有冰箱，許多食物的保存不易，每年五、六月間，破布子葉子落盡，籽實橙黃了，人們採摘之後在鹽水裡捏做成團子，除了留幾個現吃，其餘就泡到醬筍湯中讓湯裡的乳酸菌幫忙保存，一整年裡都有帶著酸氣美味的破布子可吃。

父親一生勤樸，他從年輕時因貧窮逼不得已的粗簡飲食裡，找到了讓他一輩子都在甘心享受的滋味，在高年八十幾歲時，父親依然會在某些時候就拿個碟子去找醬筍甕或提一袋蘿蔔回來漬，家人之中，無人不愛此物，包括他的孫子輩也都沾染了這份來自父祖的滋味。這些漬物，滋味豐富，情意濃厚，誰敢說它們會比日本人做出來的差呢？

源自父親製作醬筍、酸筍的心意，上天安排了一片竹林給我，三十年來，我年年漬酸筍，也基於對發酵物的著迷，甚至到處求教，再次感謝上天安排，想做泡菜時就有敏真到家裡來教我；想吃酸白菜時，合樸農學市集就請蔡榮哲老師來開課；想學做酸芥菜，客家阿叔就清楚地講述一番，成功之後，舉一反三，蘿蔔葉同樣做成了好吃酸菜，乳酸菌的好個性令人如沐春風，只要不拂逆它怕生水的原則，基本上都好說的。

# 緩慢的發酵

關於肉類的發酵我所知有限，不過，從古至今，最簡易的方法是經過醃漬後透過風乾或煙燻等方式達到乾燥的目的，在我的記憶中，母親在過年期間保存肉類的方式就是鹽漬之後吊掛通風處讓肉品漸漸風乾，這樣的保存方式原本是基於確保肉類不至於腐壞，是迫不得已之事，沒想到經鹽漬風乾後的肉類卻呈現漂亮的色澤及出現另一種醇厚風味，我想，那也是微生物的作用使然。

有一個鮮明的場景總在一些特定時刻會浮上腦海，當在夏日的午後走過田野，因長時間陽光照射，蒸騰出稻田裡充滿爛泥和植物混合發散的氣味時，或在某些特別清澈沁寒的溪溝水域，我總是想起小時候和弟弟跟著祖母撩起褲腳管，托著竹畚箕在溪溝裡撈魚蝦的情景，祖母告訴我們，魚蝦喜歡躲在溪岸邊的水草中，我們得把畚箕的開口叉進水草中，騰出一隻手拍拍水草，受到驚動的魚蝦就會自己跳或游進畚箕裡。

我還記得當時跪在長椅條上看祖母怎麼處理這些回到家還活蹦亂跳的魚蝦的情景。餐桌上有一個大碗，裡面是祖母準備的蒜碎，再倒一些醬油和半瓶米酒，這時快快地把清洗過後的魚和蝦全倒進大碗，碗口立即蓋上事先準備好的鍋蓋，當下還聽得見魚蝦跳躍撞擊到鍋蓋的聲音，逐漸地，濃重的酒氣薰倒了這些充滿力氣的魚蝦，碗裡安靜了，一個碗倒扣壓在鍋蓋上，如此漬到隔天晚上，就是一碗經過輕微發酵、充滿香氣的魚蝦鮮味了。

這樣的漬魚蝦只能趁鮮食用，不耐久存，如果量多吃不完怕腐敗的話，除了蒜碎醬油和酒之外，還得下重鹽醃漬，一段時間後，緩慢的發酵在魚蝦和醬汁中發生了變化，極度厚重的鹹味裡依然蘊含著複雜的鮮美，父親一生都操持重活，極酷愛此味。所以在他晚年若有機會到臨海城鎮旅遊，一定會特別尋找這類的海鮮漬物，如：蝦仔給、珠螺給，蚵仔給……等等，吃湯麵、煮粥、喝空心菜湯時，只要一點點就會滋味鮮亮，氣味無窮。

在目前的廚房工作上，我嘗試著做各種菜，試著用不同以往的角度看待這些來到眼前的食材，期望我和它們之間會有新的交會，甚至，我放下過去的堅持，開始油炸魚片和豆腐，所以，當我想自己醃漬鹹豬肉和灌香腸就不是什麼不得了的事了。想灌香腸是因為想念爸爸作的香腸。冷飲攤在進入秋冬後生意冷淡，因此必須有對策，所以，推車沿街搖鈴，一路煎烤、一路賣香腸是爸爸冬天的工作。記得在我婚後那年，爸爸第一天出攤前，先在門口攤子上烤了一個大腸包小腸，然後特地拿進屋來給我，他說：「妳吃看看，這是咱家己灌的煙腸。」

看著手上一捲包在紙袋裡煎得焦赤的米腸，被剖開裂的口子裡夾著切成兩片泛著油光的香腸及酸菜和芫荽碎，抬頭看臉上充滿了鼓勵和期待的爸爸，看著我一口咬下，爸爸說：「好食厚！」，可愛的爸爸直接給自己的產品下肯定語，足見他的自信了。

爸爸做的香腸確實好吃，所以擁有許多老主顧，通常在爸爸出攤後，我和媽媽就開始切肥肉丁，等爸爸下午收攤回來，就把切好的肥肉混在絞好的瘦肉中，加上高粱酒、糖、鹽和各種香料，攪拌均勻後就開始灌製，然後進行風乾。這整個過程看似簡單，家人卻從來未曾詢問過香腸配方，時間過了近四十年，爸爸離世也有十餘年了，每次吃到香腸時，總會想念當年爸爸那個期待的神情，問媽媽是否知道配方，媽媽說哪有什麼配方，「全部攏宁伊ㄟ頭殼底啦！」好吧！既然無從問起，那……我就用自己想得到的方式來找尋爸爸當年的味道囉！灌香腸這件事我也隨著爸爸做過好些個冬季，我知道豬肉的肥瘦大小比例，我知道該有那些配料，我更熟悉灌製風乾過程，唯一還不清楚的是詳細的配料比例，不過，這可以一次次地試，只要不怕失敗，總會抓到相近的風味。

灌好香腸後，一一分送給家人朋友，我的小妹拿到後卻跟我說：「姊！還記得有一年家鄉醮典，家裡灌了一批香腸，因為沒有冰箱冷藏，那批香腸後來全酸了，知道嗎？現在我還好懷念酸香腸的滋味喔！」

親愛的小妹，別說妳啦！至今我也好想念呀！可是怎麼讓香腸適度發酵，又不至被肉毒桿菌入侵，這得再給我時間琢磨、琢磨喔。

# 漫談甜食

從來沒想過，自己居然在過了六十歲以後突然喜歡起甜食來了。從出生識得滋味後，甜味一直不在我的選項裡，小時母親冬至蒸甜米糕補冬，我常皺著眉看弟弟大快朵頤，不解眼前這個光頭弟弟何以這般不挑嘴，這充滿酒氣且除了甜膩再無其他滋味的米糕有啥好吃的，每次都央求母親來年能否蒸碗鹹米糕。

當然，過年時母親不能免俗地必須蒸一大籠的年糕和發糕，我卻只在意蘿蔔糕是不是也會有這麼一大籠，想著煎得焦酥的蘿蔔糕再沾上紅艷的辣醬，那熱呼呼火辣辣的滋味才真正誘人，食慾大開呢！至於小雜貨店裡，裝在斜口玻璃糖罐，有著花花綠綠漂亮包裝紙的糖果，那幾乎沒有一個小孩能抗拒得了的，難得可以獲得父母獎賞時，我唯二會選的是那罐最平凡普通的話梅糖和會吃得整個舌面都是紅色色素的芒果乾，當時的自己覺得帶著酸鹹的甜味才算是好滋味。

經過了大半生的現在，完全出乎意料地愛上甜食。想吃甜食，其實我每天都有女兒現作的餅乾或蛋糕可以吃，可是居然我還覺得不夠，有空時自己還要嘗試著煮各種軟硬的糖來吃。不僅在店裡工作告一段落，孩子們邀喝茶或咖啡的時候會找糖吃，即使外出也不忘隨身攜帶。對我來說，這時吃糖已經成了一種生活享受，一種心靈慰藉，或者，可以說是一種任性，或根本是對前半生的彌補了。

人們對味道的愛好當然跟生活經驗有直接關聯，過去我一直相信，其中有一大部分應該是與生俱來的偏執，然而，隨著年紀增長，慢慢地才又發現到原來人在不同的年紀會有對不同味道的探索，就我自己後來意想不到的發展來説，終於品嘗到自己喜愛的甜滋味了，或者説，終於聽見自己身體説的話（一直認為這個改變是因為我的身體在進入老年時須要甜味了），這才不得不承認原來我對甜食的喜愛只是還未得到開發而已，或者印證了女兒説的只是還不曾吃到好吃的甜味而已，此時，我終於理解有人在品嘗甜品時的幸福感了。

我的甜食魂應該是朋友灣華喚醒的，灣華有段時間瘋狂地作烘焙及中華麵食，舉凡鬆軟的台式麵包、扎實充滿口感的歐式麵包、各種口味的蛋糕和披薩，還有捲了青翠香蔥的花捲及撒了滿滿芝麻的香甜豆泥燒餅⋯⋯等等，三不五時，他就提一袋給我，為了免於讓這些對胖子不宜的食物全落入赤牛仔肚裡，我只好勉為其難地幫忙消滅。剛開始這些麵食還不曾令我陷入朝思暮想的地步，是一罐灣華後來做的太妃糖完全融化了我，這糖太奇妙了，口感酥脆，輕輕一嚼，它就在嘴裡炸裂開來，隨即一股濃烈的焦糖香氣化開，直撲鼻腔，香氣及味道完美，少一分當不足，多一分則焦苦。最重要的是這糖的甜味溫和、不膩不躁，我這才見識到好吃的糖果真會讓人一顆接著一顆地吃，欲罷不能，灣華帶來的這罐糖應有兩公斤重吧？我猜其中一半應是我吃掉的。糖吃完以後，我因為沒糖吃而感到空虛不踏實，女兒還特地幫我買了市面上正火紅的太妃糖，吃著吃著，我的偏執又出現了，總覺得這糖不及灣華做的好吃，又不好麻煩後來沉浸在風帆船快樂中的灣華，感悟自己患上的癮頭總是要自己設法解決，煮糖嘛！灣華曾經口授過，再找資料補充，就這樣依照配方備齊材料，迫不及待地就開煮了。

煮糖，看糖在溫度逐漸升高的鍋裡起變化是件有趣的事，它會因為不同的溫度表現出不同的軟硬度及風味。因為我喜歡嚼糖，所以鍾情的是有一點硬度的脆糖，一開始，我依照做法用中大火煮，初初融化了的糖液顯得色輕而味淡，漸漸鍋邊逐漸冒出細小泡沫，很快地整個鍋面的糖液突然開始沸騰起來，這時糖的顏色已迅速轉為金黃，空氣中充滿香甜的熱氣，等到糖液變成較深的琥珀色時，依次倒入準備好的鮮奶油、少許鹽及麥芽糖，這時就必須不停地攪拌，讓所有的材料得到更好的融合，依照作法指示，當溫度達到一百二十三度時熄火，然後用刮刀將濃稠的糖漿刮進鋪了烘焙紙的容器裡，只待溫度降低就可移出，抓緊時間切成小塊，否則等糖放涼了就會變硬，到時想要將糖切成小塊那可就難了。

這第一次煮糖當然沒那麼順利，我謹慎地把小抄擺在爐旁的檯面上，一邊仔細閱讀、一邊實際操作，以為只要按照步驟進行應該不會有什麼問題，但是，當看到一鍋沸騰的糖液像湧泉般翻滾時，還是讓我也跟著緊張而心跳加快，一直猶豫著要不要將爐火轉小，害怕這一整鍋糖會因為我的一時大意而燒焦，但是，當火力降低，看到糖液的泡泡變小了，這時卻又擔心火力太小，溫度若上不來，那將影響到糖的口感和風味或一鍋糖直接就煮壞了，只好又將爐火轉大些，因此這鍋糖就一直處在反覆不定的狀況裡，最後，總算在手忙腳亂的混亂中讓煮得濃稠的糖漿進了模型。感謝上天，初次出手做出來的糖果差強人意，但滋味還算不賴。爾後，為自己煮糖成為一種樂趣，甚至嘗試著動手作包括喉糖在內的各種不同口味、不同口感的糖，以備不時之需了。

至於會開始炒芝麻糖是因為在一次合樸的聚會上，眼尖的我瞄見農學廚房裡有兩個人正在忙，隨即聞到一股焦糖香，好奇心驅使我溜過去一探究竟，原來是豆腐班的學長正在炒芝麻糖，當時我厚著臉皮杵在現場看熱鬧，結束時不只分到幾塊糖吃，還ㄠ到作糖的配方及作法，開心地隔天備齊材料馬上動手炒糖。

第一次炒芝麻糖是失敗的，原因是我忘了要同步把芝麻炒熱，當糖液達到完美狀態時，從冰箱拿出來等待回溫的芝麻讓糖液的溫度驟降，當然無法達到酥脆的口感。不過，做任何事都需要經驗的累積，一回生，二回熟，漸漸地就能掌握煮糖的火候，懂得判斷芝麻在充分裹上糖液時的光澤及和糖漿融合後拔絲的狀態，知道何時是起鍋的最佳時候、知道該怎麼將滾燙的芝麻團在模型裡捍平壓實，甚至抓緊時間下刀切塊。

當芝麻糖上手後，一天，忽然想起多年前曾吃過隔壁簡媽媽做的花生糖，簡媽媽手藝極巧，不僅善於刺繡，又做得一手好素菜，甜鹹點心做得更好，我們因緊鄰而居常受到餽贈。簡媽媽做花生糖時，我對甜品還興致缺缺，故沒什麼特別感覺，倒是爸爸吃了一直讚不絕口，只是高齡的簡媽媽在前幾年中風了，但我還是決定試試向她求賜配方及作法，然而，面對我的渴切求教，簡媽媽眼神迷茫，嚅喏半晌，最後還是非常困難地跟我説她全忘了。

簡媽媽忘了沒關係，因為我突然想起孩子告訴我現在是很好的自學時機，所有想知道的只要上網打上關鍵字，就會出現相關的資料。果然，從網路上我獲得了各家配方和作法，甚至有教學影片

1 芝麻糖製作（一）當糖液煮到泡泡變小又呈琥珀色時，狀態完美！

2 芝麻糖製作（二）下到糖液裏之前，芝麻必須加溫才不致讓糖液溫度下降，故須保持溫熱。

可詳細而重複觀看，對一個初學者來說，透過一次次的練習和不斷地調整，鍥而不捨，最終就能夠作出屬於自己的味道了。

因為不斷地反覆操練，現在，每年十月底，從施雜貨主辦的秋日市集開始，直到溫暖的晚春來臨前，每隔一段時間我就必須在打烊後或店休日架起鍋子炒芝麻糖或花生糖，後來還增加了琥珀腰果及薑糖。今年，則作了一批又一批的冬瓜茶磚，也因為經常煮糖或炒糖，麥芽糖成為我關注的對象，目前，我正積極準備著自己回山上用大灶熬煮麥芽糖呢！

因為施雜貨得自友善耕作的農產品項日益增多，必須想方設法把這些農產作成各種吃食，後來，甚至主動找材料作一些自己或家人喜愛的食品，包括尋常點心的蜜紅豆、

花生糖。

紅糖枸杞子燉梨、冷凍芋頭、甚至把吃完果肉的柑橘類果皮熬煮成糖，或過年時的紅糖年糕等等，除了可以增加家人日常飲食的豐富度，當製作出來的產品成熟穩定時也可以成為店裡架上的商品，更重要的是食安的問題一直層出不窮，我渴望知道這些平日常食用的食物是如何被製作出來的，其中又有哪些事是我還不知道的，我希望透過自己動手做，能窺得其中一二。

# 廚房雜記

# 餘味十足

昨晚為今天訂位的朋友作了道紹興醉雞，那個充滿油潤酒香的空鍋吸引了剛結束工作下樓來找東西吃的梅，她挖一匙飯在鍋裡拌洗一番，讓米飯裹上有濃郁香味的雞汁後，每一粒米飯看起來都油亮光鮮，再灑了一些翠綠鮮嫩的蔥珠，青蔥的辛辣味隨即伴隨飯裡的紹興酒香，撲鼻而來，這就成一碗色香味兼具的油飯了，梅吃得津津有味，直呼：「好香！好吃！」

正在收拾善後，我告訴她待會兒我也有一鍋，那是剛炒好等待放涼的辣炒四破小魚，將辣小魚收進保鮮盒後，鍋裡殘留的小魚渣和辣椒蒜末依然鹹香味十足，還未進晚餐的我突然有了食慾，也挖了半碗飯在鍋裡充分攪拌，這半碗冷鍋炒飯裝在陶碗裡，筷子輕輕撥弄，米粒清爽，慢慢咀嚼，口感含勁，鮮腴香辣，吃完再配碗熱薑棗茶，完美極了！

這兩支料理後的鍋本來還積留殘渣濃油，如此一來清洗容易，更重要的是梅和我都享受了一頓雖簡單卻餘味十足的晚餐。

在施雜貨，芫幾乎每天都要烤蛋糕，若烤的是戚風蛋糕，脫模後難免會殘留一層薄薄蛋糕在模壁上，一般會直接把整個模子泡在水裡，等那層殘留的蛋糕泡軟了才好清洗，洗刷過後，這些飽含蛋糕香氣及營養的殘渣全隨著水龍頭的沖洗流到排水溝裡，這在我看起來有點不對勁，所以，我開始留意芫脱模的時間，只要她一把蛋糕拿起來，我接過模子就用自己做的薄竹片仔細把那層薄薄的蛋糕刮下來，説蛋糕薄，兩個模子刮下來還是有小半碗的量，這樣的蛋糕屑鬆軟綿柔，香氣十足，稍晚，它就是我喝茶或喝咖啡時的小甜點了，不多不少，分量恰好。

芫看我用指頭捏蛋糕屑吃，笑説：「給妳整塊蛋糕不吃，每次刮蛋糕模都這麼認真！」

笑了笑，我跟芫説：「我們這種窮人家長大的小孩就是改不了吃鍋巴的癖好，總覺得食物的邊邊角角最好吃，而且經過這麼一處理，容器就更好清洗了，用少少水先洗第一道還可以倒進廚餘桶，明天吃到我們家廚餘的豬就會覺得很香，大讚施雜貨好，施雜貨妙，施雜貨的蛋糕呱呱叫，一舉數得呢！」

「哈哈哈，最好豬是會説話啦！」芫被我逗樂了。

用自己作的竹刀刮下殘留蛋糕屑。

# 橄欖菜

年前，朋友余娜給我兩瓶油漬食物，瓶身上標著「橄欖菜」三個字，橄欖菜？當下心裡想這種蔬菜沒聽過，不過，我倒是喜歡吃橄欖，以前爸爸總不時會帶甘草橄欖回家，他說常吃甘草橄欖可幫助整腸健胃，所以家裡架上或桌上總有一罐漬成紅色或黃綠色的橄欖，吃起來甜酸中帶著甘味，飯後吃一粒可解油膩。

十七年前梅初到德國讀書時，第一次回國就帶了幾瓶不同口味的橄欖回來，這些泡在鹽水裡呈現象牙白或黑色的歐洲橄欖比起台灣本地產的不僅個頭小多了，做法也全然不同，它們全都去了籽，中心塞進杏仁或紅蘿蔔，裝在精巧細長玻璃瓶中看起來高級又可愛，吃起來味道也不壞，鹹甘鮮美，因為加工方式的差異，有別於台灣加糖醃製的橄欖，口感和味道反而更像泡鹽水製成團子的破布子。

基於好奇，當天晚上我就打開一瓶橄欖菜，只見瓶裡是烏黑油亮的軟爛物，湊到鼻前，有一股厚實而黯沉的香氣，夾一丁點試吃，「嘿！蘿蔔葉乾！」頓時，我眼前一亮，馬上挖出大半瓶，請一直站在一旁默默觀看的赤牛仔嚐嚐，是不是？是不是？就是蘿蔔葉菜乾做的！

後來明白為什麼要叫橄欖菜，因為和蘿蔔葉菜乾一起烹製的除了調味料之外，確實有橄欖，而這帶籽的橄欖就跟台灣的土橄欖同一個樣，已被熬煮得鬆軟柔綿，甘醇香美，吐出來的籽實同樣油亮烏黑，光滑乾淨。

蘿蔔葉菜乾我年年吃，打小到現在都吃超過一甲子了。母親每年年底收了蘿蔔後都會將蘿蔔葉製成菜乾，清明前後麻桂竹筍時，就抓一大把菜乾和筍一起熬煮，等中元後麻竹筍一出，同樣是大鍋大鍋地煮，我們幾個小孩就大碗大碗地吃。筍和菜乾都需要長時間大火滾過，再長時間小火煨煮，煮到菜乾糜爛，筍香與菜香味交融難分了才好吃，在那些年歲裡，一年裡有幾個月家裡充滿柴火煙味的灶間總飄著這樣的筍菜香。

母親不種蘿蔔後，我的菜乾也不曾斷過，每年年底住在南部的妹妹就會一大袋一大袋地帶回來，接到這樣珍貴的菜乾我都好開心，抱在胸前深聞它沉醞寧靜的香味，總會喚醒我隨著歲月流逝的美好童年時光。

就因為自己這麼喜愛吃這個菜，所以也曾經把菜乾扎綑成小把帶到市集，期望有同樣愛好此味的同輩婦女會喜歡，然而，一把也不曾送出過，我只能感嘆現在已經過了吃這個菜的年代了，更何況更多數的人生長在都會，較熟悉的應該是客家菜裡名聲響亮的福菜，「蘿蔔葉也可以做成菜乾哦？那又要怎麼吃呀？」等詳細說明處理程序及料理方式後，全都望而卻步，敬謝不敏了。

望著手上這把乾硬扎手、毫不起眼的菜乾，覺得它跟自己的少年時期好相似，一身黑瘦硬骨，看似固執又傲慢，其實內心充滿了恇怯慌張，表現出強烈的自尊其實只為了要掩蓋極度的自卑而已，菜乾和我都需要大火重油煎熬，在鍋裡滾過千百遍才學會柔軟細膩，學會釋放濃情厚味。

要學會柔軟細膩、學會釋放濃情厚味，我混了六十餘年還在沉浮不定，菜乾比我強多了，只需一天就能轉化超脱。首先，得將整捆菜乾折開整齊放入水中浸泡一夜，待其葉片舒展開時，一棵棵逐次漂洗，使乾燥過程中夾帶的細沙完全脫離葉片，這道清洗工序非常繁複，也極為重要，得洗到盆底再無粒沙才成，否則，菜中夾沙，蹦到牙時，不僅令人哆嗦難過，還倒盡胃口。

充分洗淨後，選把利刀將菜乾細細切碎，下油鍋煸炒，直至香味出來即可放水，先大火煮開，再中小火燜煮，因為此時的菜乾依然堅澀不通情理，我只管把它煮爛，並不急著下料調味，我的對策是開火沸煮一陣之後就熄火燜，不僅節省瓦斯、也節省照顧的時間。幾個回合下來，滿室渾厚的菜香瀰漫，從外觀看它已溫和寬鬆多了，這時再下調料及漬橄欖，小火熬煮，三兩個小時之後，酒糖鹽醬已讓菜乾轉身一變，烏黑油亮中味道濃厚甘醇，趁熱，我一一裝瓶，打算再次帶它們到市集，期望沒時間料理的人，也可以從這一小罐裡獲得我曾經的心滿意足。

姑不論我做出來的橄欖菜像不像余娜給我的一樣，起碼我利用了手上現有的材料，也貢獻出蘿蔔葉菜乾和我交融的一生，它不僅照顧我溫飽，更給我畢生都在享受的好滋味！

1 作橄欖菜的蘿蔔葉需細細切碎。

2 大火重油煎熬。

# 綿綿瓜瓞

## 絲瓜

一直很喜歡吃瓜，尤其是匏瓜和絲瓜，除了自己屋頂菜園種的，鄰居或親友也常送來，所以，每年自初夏開始就有吃不完的匏瓜和絲瓜。

我常喜歡以青蔥爆香，瓜實切大塊小火燜煮，因為不額外兑水，為防夾鍋燒焦，需先下少許鹽使其快速滲出湯水，並須時時小心翻動，待煮至柔軟即可熄火起鍋，以避免瓜肉悶久泛黃變爛，影響食慾和口感。這樣的燜瓜看著鮮綠鮮嫩，嚐著軟糯清甜，每次，我都可以拿它們代替白飯，大碗大碗吃著當一頓正餐。

八、九月間，絲瓜大出，有一次，一位住在山上的朋友送來一批，他說家裡今年多栽了兩棵，結果累累，搞到每天餐桌上都是絲瓜，不僅小孩抗議，最後連老婆也不太願意搭理了，所以就請我們幫忙吃掉。

看著桌上一字排開的這十餘條絲瓜，有大有小，拿在手上，大都結實沉穩有分量，代表瓜實內果肉鮮嫩，水分充足，只有其中四條體型與重量稍有出入，托在手上輕壓，感覺稍軟，這幾條瓜必須馬上處理，否則將會太老。果不其然，待外皮刮去，拿刀縱切，下刀的同時我就知道真的過老了！

瓜在手上停留了幾秒，腦中飛快地閃過綠葉黃花在風裡搖曳擺動的瓜棚畫面，我決定還是要吃它。刮去外皮的絲瓜，淡綠色的縱線勻稱地分布在乳白而渾圓的瓜肉上，清晰可愛，依然透著青嫩，嗯～皮下的這一層的口感和味道絕對沒問題的，我只要把轉粗的瓜囊去掉就成了。

老絲瓜留下最後的鮮嫩和彩椒拌炒成為一道小菜。

在逐一刮去外皮和去掉過老的內囊時，我已經知道該怎麼料理它了，我把僅留下來約兩公分厚的果肉切成條狀，川燙後和炒香的彩椒拌在一起就是一盤色彩鮮艷的小菜，嘿嘿！它可以是今天店裡的一道小菜喔！出完餐後我特地出來打招呼，果然當天的客人就問我：「這是紅黃椒我認得，但另外這青白顏色的是什麼菜啊？看起來像菜瓜，吃起來卻又不太一樣。」

我笑了笑，先問她們好不好吃？好吃好吃！爽脆香甜呢！客人忙不迭地回答著。

「是的！它正是絲瓜！」我肯定地回答。

遇到這麼充滿好奇、對食材有感覺的客人，我覺得機會難得，接著繼續說：「而且還是老掉了的絲瓜喔！絲瓜老了，瓜肉裡的維管束成熟後就會變成了硬纖維，那就是菜瓜布了，我想，沒人想吃菜瓜布的，以前，我會跟大部分的人一樣覺得不能吃，就整條直接丟掉了。但是，現在的我想嘗試不一樣的作法，果然有驚喜！」

食物，需要有盡心盡力的照顧者，需要有多一點心思的料理人，更需要有懂得品嘗、懂得珍惜的食用者。這幾條絲瓜開啓了我更大膽使用食材的信心。

今年夏天，好友敏玲前後分幾次送來十餘條大冬瓜，一條條長橢圓形、表皮上鋪滿銀白細粉的瓜體，頭尾勻稱，渾圓而飽滿。

冬瓜雖能久存，終需趁鮮食用，看著這些大瓜，我馬上想著該怎麼開始動手。第一個浮上腦海的是冬瓜糖，是那種表面布滿雪白糖霜的冬瓜條，小時過年，家裡大廳桌上母親都會準備著一個糖盒，盒裡除了雙仁糒棗，另一個就是吃起來鬆軟甜蜜的冬瓜糖了，因此，切開的第一條冬瓜，半條醬漬，半條熬糖，只為滿足突然興起的童年嘴饞。

之後，嘗試了各種做法的冬瓜茶磚，做好的冬瓜茶磚再部分熬煮成冬瓜露，裝瓶存放冰箱冷藏，想喝時加冷開水稀釋就是消暑的飲料，再加些檸檬汁就更妙。

即使熬了糖，院子裡還是有成堆的冬瓜，這時我想到父親曾經醬過冬瓜，它和醬筍一樣都靠微生物菌幫忙發酵，都能夠長久存放，因此我翻閱釀造書冊，遍尋各家製作醬冬瓜的配方，積極切瓜、曬瓜等準備工作，順便也曬了一批切成細條狀的冬瓜哺，隔天和紅蘿蔔絲、黑木耳絲、金茸及芹菜炒成一道小炒，第一個吃這道菜的就是敏玲，她驚訝冬瓜也可以有這樣的味道和口感，而我則歡欣地感謝她有這麼多的瓜讓我放手地大膽作多方嘗試。

1 待晾乾的冬瓜糖。

2 熬煮的冬瓜茶磚。

曬冬瓜哺。

曬過太陽的冬瓜塊和豆麴、鹽、糖及少許甘草片入缸，灌滿米酒後封存。一個月後，隔著玻璃看缸內的冬瓜顏色已變成透澈的深赭紅，再等一些時日，我忍不住開瓶取出兩塊切成糜狀混以挖出的豆腐泥及切成細丁的蕈菇、芹菜碎，再鑲回被挖空的豆腐裡，小火慢煨了兩個小時，讓冬瓜醬漬過後轉化的鹹香甘甜沁入軟嫩的豆腐內裡，滋味竟也豐沛厚實，心中一喜，這初次出手的醬冬瓜，無論聞著、嚐著，都教人著迷啊！

1 冬瓜哺小菜。

2 醬冬瓜。

去年八月的旅行途中，在台東慧儀家吃到一盅花生豆腐，回家後念念不忘，忍不住自己上網找配方試作，兩、三次來回大約就摸到竅門，不僅讓家人大啖花生豆腐，還趁勢追擊，芝麻豆腐也來上幾回，甚至想要利用其他堅果試作，翻找冷藏櫃，發現還留有一些上次作南瓜籽糖剩下來的，那就拿這個手上現有的材料姑且一試吧！

依製作程序，先將南瓜籽仁洗淨後，放入料理機打成濃漿，濾去細渣，再放到爐上加熱，不一會兒，感覺到不斷攪拌的木匙多了微微阻力及重量，拿起來一看，木匙上竟有凝結物，而此時我調好作為凝結劑的米漿水還在檯面上，當下稍有錯愕，隨即明白，猜測應是濃漿中的蛋白質遇熱凝結之故*，這事有趣！手中木匙繼續攪拌移動，且看它將如何？

果然，很快地，我看到持續加熱的濃漿中凝結物逐漸增加而一一浮起，這情形和用醋或檸檬汁讓加熱中的牛奶分離出凝乳和乳清是相同的情形，我將這些凝結物濾出壓乾，等涼透後，它外在形狀與口感和起司十分相似，味道則是濃郁的堅果香，正好掰成小塊撒在當天的沙拉上，而那一鍋南瓜籽漿則成了當天腰果蔬菜湯的湯底。剩餘渣滓收進冷凍，無論是炒成麵茶或揉在麵糰裡壓成麵條、炸成點心，都是營養又好吃的食物。

自從開店以後，一直覺得烹飪本身就是種魔法，有時，是料理的人靈活運應食材，有效地掌控並創造味道；有時卻是食材引導料理人去發現更有趣的烹調方式。我這個家庭老主婦，同時也是餐飲界菜鳥，我喜歡有機會認識更多食材及各家烹調方式，卻更欣喜自己有時候可以不遵循別人老路；我喜歡傳統，也喜歡創新，有時我隨著記憶中的味道走，有時我隨著自己當下的心。

註：後來從郭華仁老師的《種子學》中得知，種子的蛋白質依照種子蛋白質的溶解特性被分成四大類，爲：❶水溶性蛋白質，可溶於水或稀的中性緩衝液，遇熱凝結，這類蛋白質通常爲酵素。❷鹽溶性蛋白質，不溶於水，但可溶於鹽溶液，遇熱較不易凝固。❸鹼溶性蛋白質，不溶於水，但可溶於稀的鹼或酸溶液中。❹醇溶性蛋白質，可溶於70～90%的乙醇，但不容於純水。經操作得知，南瓜籽仁的蛋白質應屬於❶的水溶性蛋白質。

# 南瓜籽豆腐

1

2

3

1 南瓜子打成漿。

2 濾去渣滓。

3 加熱後蛋白質慢慢凝結。

4 濾出。

5 蛋白質濾出後，餘下的湯就是味道濃厚的堅果高湯。

# 南瓜渣滓用途

南瓜渣滓揉進麵團

1 撕成塊狀直接入菜。

2 蒸成好吃饅頭。

# 產地拜訪

在飲食上，我個人偏向蔬食，這幾年的廚房工作卻屢屢讓我出現複雜的心情。雖然施雜貨使用的已經是安全又優質的肉品了，依然讓我在處理及料理時小有心理負擔，幸而在設計菜單的最初，孩子們也同意多菜少肉的營養攝取方式，不僅對身體健康有益，與自然環境及農業也會有更深的連結。既然出餐的食材裡其中超過80％來自田裡，因此，進到田裡了解農夫怎麼照顧作物不僅能看出一些端倪，也能對農夫的為人有更多的了解。

開店以來，我們拜訪了許多心儀的農夫和手作人，聽他們述說工作上的種種遭遇，述說曾經的夢想和堅持，除了極少數令我心存疑慮，一時不知他（她）是否說一套做一套，只能透過日後的相處及觀察去窺見探究了，但我相信其中絕大多數都是認真而誠懇的。

## 石虎米，石虎田／苗栗通霄鎮楓樹窩社區

石虎米的故事十分令人動容！

提到石虎米，不得不先說說石虎生態，石虎又叫山貓或錢貓、豹貓，屬於一級瀕臨絕種保育類動物，體型跟家貓相似，差別的是耳後的黑底白斑，更明顯的是額上兩條從雙眼內側向上延伸的白色條紋，喜歡棲息在草生地和農墾地相間的淺山地帶，主要食物是小型哺乳類動物，包括鼠類、野兔、蛙類、爬蟲類、鳥類以及各種昆蟲。

石虎。（攝影／余建勳）

百年前，石虎曾遍布全台一千公尺以下的淺山地區，如今卻僅剩苗栗、台中、南投和彰化八卦山一帶還有石虎的蹤跡。根據文獻報告，石虎和雲豹是台灣唯二的野生貓科動物，台灣早期毛皮交易和山區森林的砍伐使雲豹的棲地遭受嚴重破壞，二〇一三年已宣告絕跡，如今，石虎緊跟在後，面臨的是更凶險的未來。

由於平地人口的迅速成長，人類聚落的形成和頻繁活動，農耕放牧、興建房屋、建造公路等等都使淺山環境破碎，甚至遭受到各種農藥或廢水的汙染，跟其他同樣棲息在淺山的野生動物一樣，石虎除了必須面對大自然的嚴峻考驗之外，因人類所造成的傷害更為艱鉅，除了獵人捕捉，獸夾的危害常讓石虎斷了賴以獵捕的腳掌，甚或因此造成死

投身保育石虎超過十個年頭的建動及石虎小王子，這對父子就是個「帥！」。（攝影／施歐芫）

亡，流浪犬貓也是石虎的生存壓力之一，而公路的開發則使路殺事件頻頻發生。

不過，幸而還有一群人看見石虎面臨的困境，不忍石虎步上雲豹後塵絕跡於台灣，其中，余建動是我認識超過十年的好友。建動其實是植物專家，我們在一個野地活動中相識，當時他剛考上公職，任職於林務局，在機緣下，建動於保育石虎的這條路上獻出了他對環境生態的熱情和專業。

身為公務員，建動做得很不一樣，二〇一〇年，他開始職掌保育業務之後，不僅說服長官支持研究經費，協助調查人力和設備，主動宣導石虎保育知識，還四處透過校園宣導以石虎為題向學子們演講，建動在學校裡的演講，赤牛仔和我都還有跟到，鯉魚國小的那一場應該是我聽到關於石虎的第一次，也自那時才開啓我對石虎生態的關注。

由於石虎在缺乏食物的情況下常會獵捕人們飼養的雞鴨，成為人們痛恨的對象，為了化解在地住民和石虎的仇視對立，藉著林務局推綠色保育標章的機會，包括建動在內的保育團隊選定了以苗栗楓樹里為研究基地的陳美汀博士做為合作夥伴，由林務局提供經費補助和輔導。二〇一四年三月，第一批「石虎米」就此誕生。石虎米施行有機栽培，在不打藥的情況下，會在田間活動的動物明顯增加，包括會造成農作損害的鼠類和鳥類，也因此石虎有了充裕的食物，避免了抓雞事件一再重演，不僅保住了生態鏈的完整，讓石虎從害獸轉變成農人的好幫手。而無農藥無化肥、兼顧人性與永續思考、顧及公平交易原則，不僅對消費者負責，也對土地負責，這樣的石虎米在銷售時也能獲得消費者的信賴和支持，能以更好價位彌補農人在產量上的損失，所有賣米的收入除了其中3%捐注到石虎保育基金，其餘則回歸到農民。

石虎米

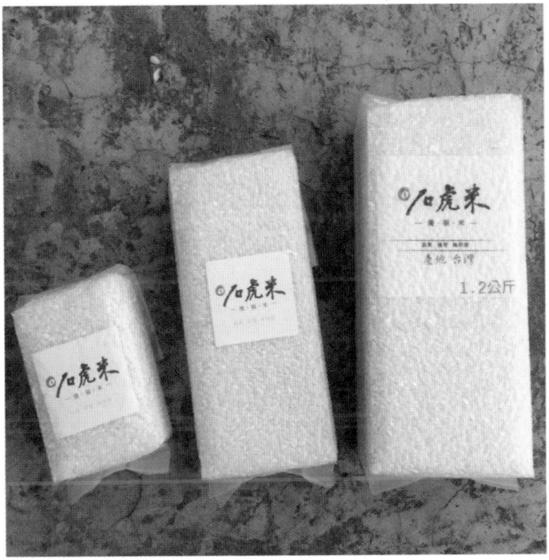


（攝影／余建勳）

為了讓更多人知道石虎的存在及困境，十年來，建勳常在有狀況發生時趕往山區救援，或利用下班時間趕寫關於石虎的新聞稿發表，並在石虎米插秧、收割時，不辭辛勞地帶著還幼小的一雙兒女下田導覽，他十分清楚這樣的講解可以讓愈來愈多的人知道石虎的存在，進而認識石虎並願意一起保育。

為了支持石虎米，施雜貨也請建勳來店裡辦講座，並邀請他到秋日市集上宣導石虎生態及推廣石虎米，我們除了以往拜訪石虎田，去年更特別安排家人一起進田間割稻，芫還期盼有天能光腳踩進爛泥裡，一償下田插秧的心願呢！

芫的割稻初體驗。

阿福哥農場 主人：阿福哥／苗栗大湖的鯉魚潭畔

第一次拜訪阿福哥，我們其實是針對著草莓來的，普遍人們對草莓是又愛又怕，愛它可愛果型和嬌豔欲滴的色澤以及誘人的芬芳香氣，卻害怕它會被施打過多農藥，在不確定的情況下寧願忍下吃的慾望。而芫一直在為她的甜點尋找好食材，透過同樣是烘焙人的好友介紹，知道阿福哥的農場裡有無毒栽種的草莓，芫隨即訂了一批想先試用看看，沒想到竟由阿福哥親自送貨。

三十幾歲才回鄉務農的阿福哥原本在台北有穩定的工作，只是日夜顛倒的工作方式讓他醒悟到對身體的傷害，他說：「雖然從小就隨父母搬到台北居住，但是我卻一直想回到家鄉定居，在回來之前，其實不知道我們家的地在哪裡，回來能做什麼，而且，長久來房子一直由親戚借用，若要回來，有可能連個落腳的地方都沒有呢！」

然而阿福哥身上有股客家人堅毅的特質，憑著年輕，仗著身強體壯，帶著當時還是女友的太太毅然地回來了，先向親人借個房間暫時安身，一邊觀察情勢、一邊尋找工作機會，反正身上有的是力氣，打打零工都還可以過活的。後來兩人到人潮聚集的大湖街上販賣草莓冰沙，生意不惡，租金卻年年提高，直到負擔不起，這才想起何不回自己地上栽種草莓。

有感於農藥對人及環境的傷害，阿福哥堅持無毒栽種，他的這個堅持其實增加了自己耕作上的風險和成本負擔，在摸索期狀況百出，困難重重。草莓嬌嫩，一般慣行栽種都已不容易了，他卻固執地選了一個更困難的來做，阿福哥表示噴灑農藥這件事他自己一直都很清楚，知道農藥在對土地及作物造成汙染之前，農人首當其衝，未獲利之前就先受其害，若要過這樣的生活，不如就留在都市裡不是更好嗎？

我們在進到農場以後才知道原來他們也養蛋雞，阿福哥表示草莓產期短，蟲害嚴重時強烈影響收入，像今年（二〇一九）果蠅肆虐，未及收成已全軍覆沒。而雞蛋產出穩定，能使生活無虞，農場裡的蛋雞採半放牧方式，白天任由牠們在果園裡四處閒晃，或沙浴，或樹蔭下打瞌睡，或四處扒土啄食，傍晚時雞隻們就會自動回到雞舍。我們到的時候看見所有的雞正在陽光下奔跑，互相追逐，阿福哥表示常曬太陽的雞才會健康，而四至五百隻雞是他目前照顧得來的數量，他清楚每一隻雞的健康狀況，撿回來的每一顆雞

阿福哥數算著過去的辛勞和堅持，芫聽得一臉肅然。

蛋都經過細心檢查，期望到消費者手上都是最安全、最富營養的雞蛋。

雞蛋營養價值高，是最容易取得的蛋白質來源，但雞蛋的爭議也一直不曾間斷過，其中最大的原因是工廠化的商業產蛋方式對雞隻的虐待和殺害，甫一出生的小公雞即被粗魯地挑出，以非常殘忍的方式殺害，小母雞則開始為期兩年的悲慘生活，不僅空間狹窄的籠飼環境惡劣，必須忍受多次被剪喙，當產蛋量下降時，即以非常不人道的方式強迫換羽，讓雞隻完全處於黑暗及絕水絕糧當中，讓雞在極度的壓力下內分泌產生變化而開始換羽，沒有換羽的甚至被人工拔羽，這當中有的雞撐不過的就飢渴或身心崩潰而死了。人們因營養的攝取或滿足口慾而選擇肉類、牛奶或雞蛋，原本無可厚非，前提是這動物必須被良好的照顧，僅是如此！

又紅又大的草莓，阿福哥的笑容靦腆卻帶著一絲忍不住的得意。

1 阿福哥說：「我家的雞每天忙著聊天呢！」。

2 奔跑、沙浴、拍翅、扒地啄食，這才是真正快樂的雞。

永興農場 農場主人：歐輝雄／南投中寮

永興農場的主人歐輝雄原本從事營造業，後來有個機緣讓他興起回鄉種田的念頭，一開始，他就決定要施行有機栽種，報名了農委會的農民學院，下功夫學習有機農法，近二十年來成績斐然，不僅通曉土壤改善、植物營養、病蟲害的生物防治、環境保護，包括農產品行銷，甚至到各學校帶食農教育課程及不藏私地引領想學習農務的年輕人，幫助他們追求自己的夢想，樣樣做得有聲有色。

歐大哥是一位非常有自信心的農人，有一次聽他演講，他說：「千萬別以為種田沒前途，只要立意良善，方法正確，對人和對環境好，生產出來的作物營養品質高，再透過優良行銷，訂户就會穩定，收入是很可觀的。」他的一番話讓我印象深刻。

其實我們常和歐大哥在市集上見面，也常拜訪永興農場，除了來找主人聊聊，也順便買菜。開店以後，有次為了辦草地餐桌，帶著博堯和芫又專程拜訪了永興農場，看到農場裡豐富的草相及灌溉水淨化池，有計畫性地栽種各種合適作物，有別於其他農場，歐大哥不僅提供學徒或參訪者暫住的房間，也有讓前來體驗的學員使用的廚房設備，孩子們對歐大哥的農場規畫經營非常佩服，即使身為農夫，也是要有謀略，知進退，這才能維持農場欣然而繁盛的活力。

1 農場裡甜脆的芥藍。

2 歐大哥解說著農場豐富的多樣性栽培方式。

## 樂果村　主人：楊凱鈞、賴佳瑜／南投國姓

對於蕈菇類，我的首選絕對是一般溫室菇床就能生產的香菇、草菇、蘑菇或木耳這一類，盡量減少使用到高耗能植物工廠生產的蕈菇，這當然是我的偏執，但是，我始終相信以更接近自然方式栽培出來的食材，才是人身體更能接受的食物。

樂果村生產的香菇和木耳正是出自最接近自然管理的溫室菇場。凱鈞、佳瑜這對年輕人令我感動的不是願意放棄台北的高薪工作回鄉種香菇，而是他們在面對強大挫敗時的堅強勇敢。有一天，我在臉書上看到朋友分享的媒體採訪影片，影片中有一段是凱鈞娓娓述說著學習栽種香菇的心路歷程，說到剛從長輩手上接下香菇園時，因為對菇菌和天候的不夠了解，第一年竟然連一朵香菇都長不出來，說到傷感處竟哽咽落淚，他傷感的不是自己面臨的困境，而是不忍父母對他們的操心，凱鈞的年紀和博堯、芫相當，那當時竟也令我百感交集，一份對年輕孩子的心疼和不捨而陪著掉淚，但是，擦乾眼淚，凱鈞終於從艱困中走出自己的一條路。

積極上課學習、請教專家，一路摸索，在灑水和防治病蟲害間找方法，最後體認到冬季是最適合栽種香菇的季節，小倆口經評估討論後決定順應天候節氣，堅持一年只一作、不用藥、不追求產量，除了降低太空包排放密度，更讓每個太空包一次只生長三至六朵香菇，甚至進行疏果，讓每一朵香菇都能獲得充分的生長空間及養分，冬菇生長緩慢，因此保有扎實口感和醇厚香味。

1 開包，讓香菇順利長出。

2 採收。

3 出菇時需有充分澆水，除了菇包，環境也要保持較高濕度。

日曬香菇在台灣因氣候潮濕而難以實行，為保香菇的高品質，凱鈞採用機器烘乾的方式進行乾燥，並堅持烘上三十六小時，雖然因此損失重量而減少了收入，但也成全了更濃郁的香氣及利於更長期的保存。認識凱鈞和佳瑜許多年了，一路來，看他們從結婚到為人父母、看他們不畏艱難面對生活的勇氣和毅力，就像看著自己的孩子一樣，我總是感到欣喜和安慰！

## 野岸手作　手作人：陳怡文／南投水里

在施雜貨販售的架上有一款非常厲害的手作品，無論炒飯、拌麵、搭配麵包饅頭、鋪在生菜沙拉上、甚至拌進燙青菜裡都非常好吃，這厲害的手作品就是堅果醬。雖名為「醬」，它卻保持適度顆粒及最佳香脆口感，其中包括松子、杏仁、腰果都分別以慢火烘焙，再以手工慢慢搗碎，加入自家收成的香草和來自

堅果醬。

喜馬拉雅山的岩鹽調製而成，只要吃過的人都讚不絕口。

這堅果醬的手作人陳怡文和木作藝術家先生阿忠，帶著一對兒女住在濁水溪畔的半山腰上，住家周圍環境自然，除了屋後連綿的竹林和阿忠特意栽種下的樹種之外，林下灌叢荒莽，處處充滿放恣的野性生氣，而這些一般人不敢走進去的地方，卻是兩個孩子自小穿梭遊戲的場域。

他們的家是阿忠二十七歲那年親自建造的，屋內所有家具也都出自阿忠的手，二十幾年來，這房子像棵生氣蓬勃的大樹一般，非常自然地延伸長出房間、平台和茶室，而且宛如具有魔法一樣，來訪的人只要一進了屋就會忘記時間，只會隨著主人的茶香飄移，看屋外陽光曦微，聽林中飄風弗弗，蛙鳴近在窗下，鳥兒的啼囀迴繞悠遠。

在這裡，我不知道別人的狀態如何，於我，是這般輕易地就會看見自己生命最真實的一面。和阿忠認識超過二十年了，當我在城市中感受到壓力與困頓時，總會想起阿忠和怡文那種真實在自然中生活的自在，那種自在無關擁有的金錢多寡，卻必須有著非常豐實的心靈，我的心似乎馬上得到安慰一樣地逐漸平靜了下來。

問過怡文，何以會做出如此令人著迷的食物？她沉吟了一下，以她一貫溫柔的語氣說：「就是因為自己愛吃啊！」主客一陣大笑之後，她接著說：「其實一開始真的只做著自己吃，有時送給朋友，後來朋友覺得好吃就要求購買，甚至揪團讓我可以一次有個量能做起來配送，就這樣一個傳一

阿忠一手建造的木屋。

個，居然也有了口碑，從那時候起真的就需要定期地製作了，有段時間還勤跑三小市集呢！為了去市集，我必須清晨三點起床升火燒窯，麵包烤好天也亮了，再趕到雲林參加市集。」

阿忠在幾年前蓋了個磚土結合的麵包窯，烤出來的麵包外層酥脆，裡頭鬆軟，搭配自家堅果醬，只要試吃了，我想，無人能抗拒得了。一項手作食物的好吃，一定是源於手作人對自然和諧生活的追求和一份安定沉靜的心，在阿忠和怡文的家，我看到最自然的生活方式，我品嘗到最真誠、最飽滿的食物滋味。

## 邵清淵農園　農場主人：邵清淵／台中大甲

在父親漸漸年高時，擁有甲級水電證照的邵清淵有計畫性地回來接手照顧家裡的田地，當

一家人的喝茶時間。

時，因九二一地震過後，政府開始正視高山果園的水土保持問題，著手進行平地種梨的可能性，所以邵大哥先說服父親和農試所合作，嘗試在自己家那塊灌溉困難的田裡栽種梨樹，沒想到竟也因此成功地開創了在平地栽種溫帶水果的先例。

當初聽到在平地栽種梨樹，我也感到訝異，邵大哥卻說：「一般人認為溫帶水果不是產於高緯度地區，就是要栽種在高海拔的山區，事實上，台灣的情況特別，當初國民政府遷台時，鼓勵平地的良田要多多種植水稻，以供給一時暴增的國軍糧食，而果樹不具戰略所需，當然就往山區發展了！」

至於病蟲害的防治，邵大哥也有自己的見解，他說大甲地區海風強盛，他以密度稍高的方式種植，防止果樹傾倒，海風的吹拂則降低果園裡溫度，加上他跟與大副教授劉東啓老師學習以強力水刀在地上打洞，增加有效土壤深度，只要根系健康，果樹就強壯，蟲害就不至造成危害，連著幾年我們常在這片果園活動，深刻地感受到果園裡繁茂的生命力，連學校老師都會帶著小朋友到果園參觀或邵大哥受邀到各處演講分享。

現在，邵大哥雖然是個專職農人，他原來的水電專業技能卻奉獻給合樸農學市集，每月市集日總是早早到場為需要使用電源的農友牽引電力，以及提供朋友之間水電諮詢，施雜貨何其幸運擁有這樣的朋友！

梨園裡茂盛的草相不僅為土壤保持濕度，更維護了豐富生態。

邵清淵果園入口結實累累的百香果。

怡香茶園　園主：謝元在、洪慧君／南投名間

我一向不太講究喝茶，當聽多了人們對茶的品論時，總讓我以為唯有高海拔山區產出的才會是極品，但是，偶而上高山，當看到遠近山頭竟有這麼多茶園時，又總是不禁疑惑在這樣陡斜山區栽種低矮茶樹對水土的保持不是更不利嗎？然而，因為高山茶獲利高，高山茶園正悄悄地蠶食鯨吞，栽種面積似乎愈來愈大。

認識怡香茶園之後，我對茶產業終於有進一步的認識了，透過幾次課程了解不同茶種及不同製茶方式，跟著老師喝茶，看茶湯顏色，品評茶的風味，甚至進入產區採茶、炒茶、揉茶，透過完整製茶程序了解平日喝的茶是怎麼一回事。怡香茶園位於南投名間的八卦山脈東側，海拔高度四百公尺，茶園主人謝元在和洪慧君夫婦因不忍家傳的茶園沒落，二十多年前相偕回鄉，一邊照顧年邁父母、一邊守護茶園，一九九七年，懷有身孕的慧君仍然下田幫忙，卻因為接觸過多農藥險些小產，這件事的發生讓元在夫婦深感農藥對土地環境及身體的傷害，當下決定轉為有機耕作。

從慣行農法到有機栽培會面臨一段不算短的轉型期，在此期間勢必會嚴重影響產量，元在夫婦卻勇敢面對，收入驟減沒關係，還可以打打零工維持活所需，因此，有好長一段日子，元在賴以養家的工作是油漆工。然而，事後證明這個堅持是對的，也是必行的，元在因此找到了人與自然之間的平衡，不僅確保了自己和家人的健康，也為後代子孫留下一塊得以永續經營的茶園。

1 茶園邊界完整的綠籬帶。

2 認真採茶的赤牛仔。

當大多數人都認為高山茶才是好茶時，高海拔地區便有被過度開發的危機，然而，影響茶湯風味的因素並不只是茶葉種類和種植地區，在製茶技術上，例如採茶、萎凋方式、發酵時間長短也會有極大影響，在元在不斷創新和研究下，製作的茶不僅連奪大獎，更取得香港有機驗證中心的認證。茶的問題和高山蔬菜一樣，我始終相信能兼顧到土地環境的才是最好的食材，才是一杯讓人喝了心安的好茶。

## 寶蓮園　園丁：李寶蓮／台中梨山

台灣自一九九〇年發生了第一起重大土石流災害之後，每有這類災害發生，所有人即爭相指責山區的濫墾濫伐是造成土石流的主要原因，有感於此，曾經身為國家公園解說員，也曾經是個負重登高愛山人的李寶蓮，於一九九九年進入農業開發最受爭議的梨山地區，期望用自己的方式來管理土地，她說：「如果我沒有更好的方法，就沒有立場批判別人。」因此阿寶開始用自己的方法試圖找出人與自然之間的平衡和諧，只保留較平緩的坡地以永續經營的理念管理果園，不合適開發利用的陡坡地則栽種下合適樹種小苗，或任其回復為自然荒林，以此方式還地於森林。

我和阿寶的相識正在這時候，那時，我還是個懵懂的家庭主婦，對當時的各種社會現象及價值開始產生懷疑，處在一個茫然卻急於探索的階段，之後，與她的互動愈多，愈是驚訝有人是願意如

1 採摘奇異果。

2 家人。

此退讓，只為保全更完善的生態，讓我了解到人的消費行為對自然環境造成的巨大衝擊，因此每當聽到有人高談闊論地在講所謂的「有機」及各種農法時，我心裡其實已經沒有多大感覺了，因為不管哪一種農法不過是種農耕手段，而最最重要的是農人本身是否具足了對土地環境的真誠關懷和素養。

二〇〇四年，阿寶的著作《女農討山誌》出版了，透過讀這本書，我再次認識阿寶，除了見識到她在一九九四年用一年半的時間，以騎單車、徒步、趕驢等方式從西藏、尼泊爾到達印度，隨後又花七個月騎單車漫遊了北歐斯堪地那維亞半島，早年資訊不及現今發達，阿寶又選擇了最簡約的方式旅行，她的勇氣與冒險精神讓我佩服，也讓我為她捏一把冷汗。更在一遍遍詳讀〈生命的沉思〉和〈有機的迷思〉後，許多久存心中的疑惑終獲得了剖晰釐清；讀到〈血肉之軀〉時，因為心神凝聚，我幾乎和她在五千三百米高的隘口同時力竭流淚。

二〇〇〇年〈農發條例修正案〉大幅放寬了農地分割買賣的門檻且對象不限農民，加上農地可以興建農舍，從此農田消失或破碎，農地炒作，老農凋零，想務農的年輕人無地可耕……等等諸多問題層出不窮。蘭陽平原情況尤其嚴重，自二〇〇六年雪隧通車後，短短數年間，原來連綿的稻田間已快速地冒出一棟棟度假別墅或豪華民宿，身為宜蘭人亦從事農耕的阿寶省悟到這個問題將影響台灣農業深遠，遂結合一群關心此議題的農人，於二〇一三年四月成立了「守護宜蘭工作坊」，從此，阿寶常奔波各地演講，為農地農用獻身發聲。

這樣的阿寶已經不只是一個勤於耕作的農人了，她努力地在自己的生活和對環境的憂心之間找到平衡，更因此安頓了自己的身心，不僅對社會貢獻了她的專業才能，也幫助許多人踏實地追尋夢想，所以當我的孩子們想更了解自然生態及探索生命價值時，自然地就想到阿寶，因此，寶蓮園就成了我們每年必訪的農場了。

對我來說，阿寶亦師亦友，甚至是家人，在見識上，她拓展了我的視野，在心靈層面，她引領著我看見自己。

# 第三章

# 手作物件與生活

# 採集・手作

# 只取所需

從入秋後到冬筍採收前，大約有四個星期的空閒，這段期間我喜歡帶著小狗一整個上午都待在秋日的菜園裡，小狗到處聞聞嗅嗅，找個中意的地方挖挖土，或跳上讓陽光曬溫暖了的大石頭上睡覺，而我，有時蹲在菜畦旁拔草，有時帶壺熱茶，帶著書、畫冊或相機，單純地享受半日的寧靜。有時我喜歡坐在石上或乾草堆裡，將採集來的山葛或月桃莖撕成細繩，有時也收集香蕉絲做為日後細綁物件時的繩子，尤其在合樸農學市集上販售竹筒飯或月桃飯時，需要大量這樣的細繩，當人們吃完飯後，無論是竹筒、月桃葉或細綁的細繩都可以回到自然野地，不會造成任何環境的負擔。

我最初的採集經驗來自母親，她帶著我在不同季節採集不同的食材和手作材料，教我辨識五節芒嫩筍；教我撕開用石頭槌破的月桃莖當繩索，細綁撿來的枯枝乾柴帶回家；教我採集木賊當刷子，搭配灶灰就能將木桌椅洗得乾淨潔白；教我採來月桃葉放在竹簍底部及周邊鋪好，就是最理想的漬筍資材。以前在山徑上常遇到進山採集姑婆芋或山棕葉的人，這些植物葉子一擔擔地被挑到街市，在那個沒有塑膠袋的年代裡，它們就是最好的食物包裝材。

這些親自經歷或看到的採集活動在後來進入都市以後戛然而止，直到邁入中年才又透過野地體驗漸漸回到我生活裡來。不同於童年時期，這時候的我做法更細膩了，因為我知道想要採摘任何植

# 採集香蕉絲

1 從莖上取下葉鞘。

2 葉鞘最薄的外緣處取下的香蕉絲質地最強韌，可用作編織。

3 若用作編織的話，每片葉鞘兩邊只各取兩條邊線為最佳，若只當繩索用，每片葉鞘兩邊可各取4～6條。

4 採集時，心存感念，天地間一片和美。

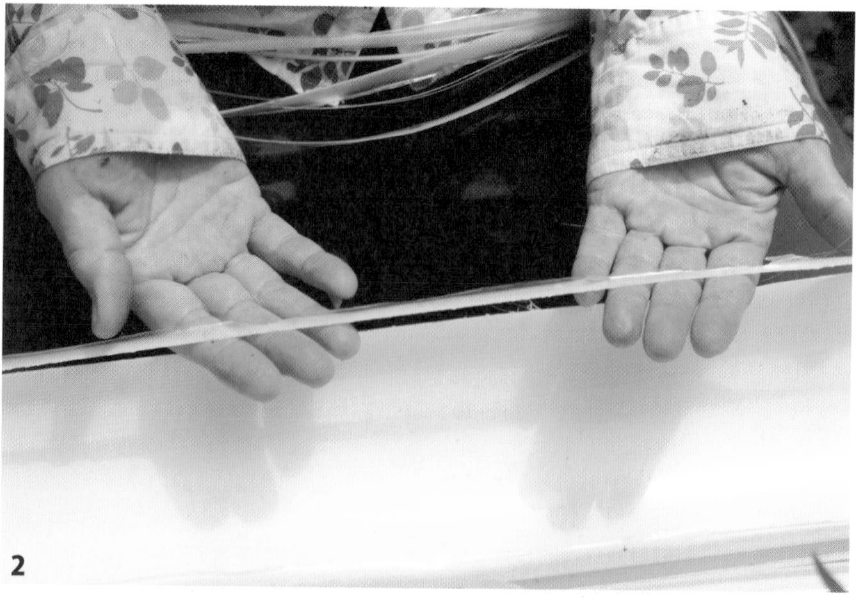

取好的香蕉絲曬乾
後將更強韌好用

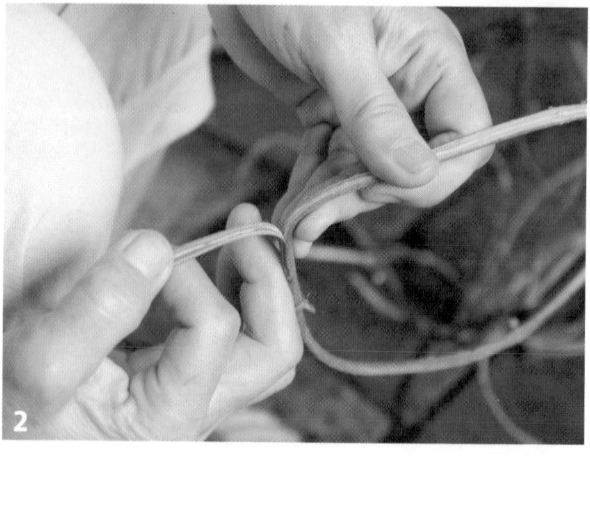

1 陰乾後的山葛。

2 剝成細繩的山葛陰乾後就是好用的繩索。

竹筒飯和月桃飯，所有資材包括竹、竹葉、月桃葉及月桃莖撕成的細繩，
完全自然資材的利用。

物都必須遵照採集倫理，因為萬物生長不易，懷著珍惜與感謝的心進行採集是非常必要的。因此，事前的瞭解並遵行十分重要，更盡量在採集過程中，把對生物的生長干擾降到最低，免得在無知或自以為是的情況下造成生態傷害。

通常我採集野菜是以繁殖力旺盛且出現頻度大的植物為主，採芽時不貪採摘過長，不摘不適合吃的老葉，避免影響植物進行光合作用及日後側枝的生長，每次採集一定以夠吃為原則。採果實時只取少量，不用的部分則選擇相似環境撒播，幫助它繼續繁衍。採根或地下莖時只取部分以免影響母株生長，或利用主莖原地扦插，讓它可以繼續繁殖。挖掘過的地方應當回填復原，讓母株可迅速再生，同時也維護了自然景觀。同一處或同一株植物只能適度採集，避免物種消失或植株死亡。最後，如果沒有把握的就不勉強採摘，否則採了不敢吃或不能用就是浪費。

除此之外，我也訂了自己的採集規則：植株上凡有動物停留或棲息的不採；植株上纏繞有本區不常見的藤蔓或是蔓生的蜜源植物不採；採莖時，植株上正在開花或果實未熟的絕對不採：因為有這些規則，採摘時就必須看得更仔細，採摘速度必須更慢一些，卻也因此看見更多生物的種類和它們展現出的自然之美。

我的採集也影響到小孩，開店後不久，芫因為出餐時擺盤裝飾的需要，請我回山上時從園子裡採一些可以和食物放在一起的好看植物回來，透過這些採集回來的植物及我簡單的解說，她逐漸對自然生態生起好奇心，現在，她不僅會主動邀請建動來帶植物解說，也開始自己進行採集了。

1 鹿谷山上的採集。

2 菁芳草、水芹菜和咸豐草。

3 2017年，在香港進行的採集活動。

芫的採集。

1 食盤上裝飾的觀音座蓮葉子和龍鬚菜捲鬚。

2 以芒萁為底。

# 手作器物

我的父親是手作高手，從我很小的時候就常蹲在黃昏微涼的屋前看他剖竹篾、編籮筐，或夜裡坐在燈下整理他白天採回來的山棕黑色纖維，準備用它們編成一隻掃把。有時，父親會起一爐炭火，燒炙他裁切好的竹片，利用熱力熨製出一個直角彎度，好用在他編好的籮筐底部的四個邊角上，以為增加籮筐承重的強度。

我小時候的家沒有一般人眼裡像樣的家具，但是，所有生活上需要的一樣也不缺，在物資缺乏的年代，善用資材，製作成器物是種生活本事，除了我的父親之外，村裡其他長輩叔伯們也幾乎人人都有一手。

至今，我手上還收藏著父親年輕時的手作工具，一個木製手動鑽、一個他配戴了半生的樟木刀架、四根他退休以後特地為我做的刺竹扁擔，前兩者我已經捨不得使用，高掛施雜貨店裡牆上，可以隨時和來店裡的朋友分享手作物品的樂趣和使用心情，至於扁擔如今還在服役，喜愛肩挑的我已經讓它們的青皮完全呈現出溫潤光滑的觸感和稻草黃的明亮色澤，再繼續使用一段長時日之後，身體的磨擦和汗水的浸潤將讓它的色澤轉為暗絳的紅色，在我的認定裡，這樣的物件就足以傳家了！

這隻木刀架
在刀的進出之間已磨損，
在我眼裡卻是至寶。

1 現在，我配戴的是赤牛仔做的了。

2 我的傳家寶物——手動鑽。

父親所作的刺竹扁擔，在山裡，肩挑依然是我最習慣的搬運方式。（攝影／陳威文）

因為耳濡目染，手作生活器物的渴望和衝動一直在血液裡奔流著，終有一天，我用父親的方式作出了一把五節芒掃帚，以芒莖上剝下來的葉鞘為索，將打散了小花的花穗從莖上紮緊成一小把，再每五至六小把紮為一隻掃帚。一開始紮得不太好，新鮮的莖在乾燥後縮得更細瘦，讓原本紮緊的葉鞘鬆散了，鬆散的掃帚容易折斷，使用時間不長久，但是無須擔心，不必有挫敗感，創意是激發出來，技巧則是透過不斷地練習就會熟練，現在我紮出的五節芒掃帚已經可以做到精巧又耐用了。

採集，看見大片的五節芒花總是教我心動不已。

# 五節芒掃帚製作

1

2

3

1 曝曬乾燥。

2 打去花穗上的小花。

3 一旁新鮮葉鞘可留做編掃把的捆繩。

4 數小把集束成一大把。

5 再一段段紮實握把。

6 修整。

7 修剪成適合掃的的形狀。

8 完成。

9 亦可以其葉鞘綁其身。

4

5

6

7

8

9

祖母還在世時，常在家鄉村子附近採集鳳尾草和玎璫髦仔到水里街上賣給熟識的青草茶小販。後來知道祖母和母親口中常說的玎璫髦仔，原來就是海金沙。海金沙是多年生攀緣草本蕨類，對它重新認識的機緣是在二〇一一年，綠兔子工作室的小啄木老師來合樸教我們手編課程，其中一項就是要利用海金沙長長的葉軸來做生活用具，所以在課程之前，我答應先到平時走路的山區採集上課時要用的材料。

海金沙分布的地區很廣，台灣境內海拔五百公尺以下稍有遮陰的林邊路旁都看得到它，它的生性強健又耐旱，具藤蔓性的葉軸常可達數公尺，常和附近的其他植物纏繞在一起，藉此向上攀爬，以爭取更多陽光，所以想要順利的收集還真得費一番功夫呢！幸運的是我們發現路旁的一根電線杆上，滿滿的海金沙將電線杆全包了起來，連拉帶剪，很快地就取得上課所需。

海金沙莖做成的鍋刷。

1 竹鍋刷製作中。
2 完成後的鍋刷。

這乾扎棘手的海金沙在小啄木老師手裡，三折兩握，再用粗棉繩牢牢地將手握處綑緊，尾端用剪子剪開，就成為一支樸實好用的鍋刷，因為海金沙的莖細長強韌如乾草，使用完之後掛在水槽邊很快就乾燥，耐刷耐磨，能長久使用，所以，當年做好的這一支海金沙鍋刷到現在雖然禿了、短了，即使後來又新作了一支，我還捨不得將它丟棄。

因為海金沙鍋刷的重現讓我想起以前在村子裡，幾乎家家戶戶灶台上都會有一把長約二十五公分的竹製鍋刷，這樣的長度剛好適合大灶大鍋使用，做法和海金沙相似。一想起這物，馬上轉身找來一管竹子鋸下一段，再將它剖成一根根細的枝子，再以繩綑綁成一隻稍具硬度的鍋刷。另外再用裁剩下的竹段另作了一個小型的，製作時，先將竹子剖成寬約兩公分的薄竹片，幾片薄片相疊使其堅挺，再橫劈成細軟竹籤，就成為一個可愛的鍋刷，看起來是粗糙版的日本茶筅呢！

二〇一七年冬，施雜貨辦了一場草地餐桌活動，布置場地時需要十餘支竹竿撐起簾布，當時時間緊急，無法趕回鄉下取材，一時福至心靈，我想到家附近就有的山棕，山棕是羽狀複葉，長可達二至三公尺，具稜角的葉柄非常強韌，應是很好的替用品，果然效果更勝竹子，等乾燥後，細長質輕，搬運方便，更重要的是取得容易，後來山棕葉柄也納入我「自然資材利用名單」裡。

因為擁有一片竹林，當然就有許多竹材的利用機會，除了廚房裡的料理器材，包括用來串蔬菜水果的竹叉、承裝食物或餐具的大小竹盤、吊掛物品的竹勾、承放餐桌上筷子的筷枕，以及長長短短、各式各樣的竹容器，這些物件，有些是我作的，有些出自赤牛仔的手。

1 裝餐具的容器。

2 竹叉串燒。

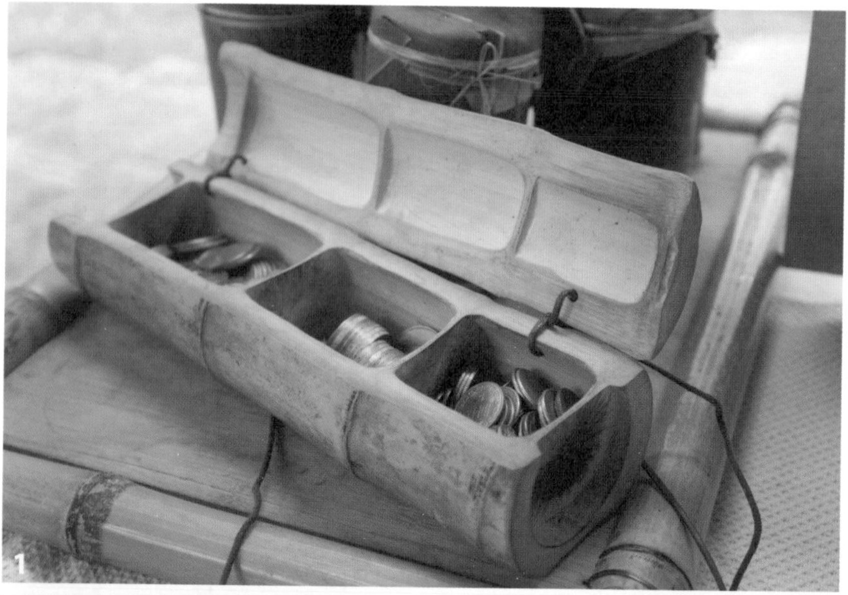

1 參加市集時最需要的是存放找零銅板的零錢筒，三個竹節可分別置放不同的幣值銅板。

2 立牌固定座。

去年（二〇一八）過年前，有感於現今新年禮盒普遍都過度包裝，芫想利用山上的麻竹製作成容器，在裡面承裝施雜貨每個成員的手作，讓它成為新年的禮盒，芫提出的想法得到大家的贊同，赤牛仔和我馬上應允採集製作竹器的部分。

因為是豬年，芫給這個麻竹禮盒取了個名字，就叫做「豬光寶盒」，自己還搬出筆墨，恭恭敬敬地用紅紙寫上這四個字貼上，原本樸拙的竹節馬上顯得年味十足，非常可愛。這個豬光寶盒內容物包含了我們全家人的心意，其中有芫做的手工餅乾、磅蛋糕和她手寫的春聯，博堯的耳掛式咖啡，我的花生糖、芝麻糖和腰果糖，還有赤牛仔做的竹製博浪鼓和特製竹盒以及茶法自然的茶包。

這個新年禮盒因為取材及製作繁瑣，僅供應四十份卻反應熱烈，可見得許多人對於自然竹材的樸實無華和極簡的包裝還是深有同感。

豬光寶盒。

有一天，在山上起爐火烤餅，揉著細軟的麵糰時，心血來潮，突然想吃饅頭，扭下麵團蓋在濕布下繼續發酵，這才想起山上沒有蒸籠或網架可以蒸饅頭，不過，也沒有難倒我，屋外就有一大片竹林，廊下就有成綑當燃料的竹段竹片，剖開幾支竹片交錯架在鍋面就成了一個簡易蒸盤，擺放饅頭時，心裡同時也盤算著等一下就用薄竹片來編一個吧！日後一定會常使用到的。等饅頭蒸熟，望著冒著蒸氣、胖敦敦的饅頭，不自禁會心一笑，我果然是父親的長女！必然地，我承襲了他的性格和天分，當下，我清楚地知道，我將有著更有趣多彩的老年生活。

回想起自己真正開始認真手作器物的時間點，驚訝地發現竟然是在父親離世不久之後，尤其幾次嘗試著自己編個小型竹容器失敗時，心裡更是感到失落和遺憾，心想，若是父親還健在的話那該有多好，或是自己的覺醒可以出現得更早，及時主動和父親學習一點基礎的話，那又該有多好！

感嘆人總是在失去之後才會發現曾經的擁有。也許在父親離世後，因為對他的想念才激發我想去做他過去一直在做的事，當我在手作這些生活器物的時候，常感覺到父親就在身旁，就在我身旁指引著我如何著手、如何做到更準確精細，也是在這時候，我覺得自己最靠近父親。

當開始學會利用自然資材之前，赤牛仔在廢材利用上也摸索了近十年，製作出數百件生活實用品，我們常一起討論素材的應用及實作技巧，一同建立起只在有所限制的情況內完成作品的原則，我們都知道，無論是自然資材的使用或廢材的利用，本來就有很好的創作自由度，當下若缺少合適材料時就耐心地等待，經驗告訴我們，總是會有一場驚喜出現的！

所以，當他缺少了作博浪鼓的扁空罐時，我們想到何不利用竹節來代替，果然做出來的博浪鼓看起不僅樸拙可愛，搖起來聲音結實響脆，聽著舒服多了。這個博浪鼓的製作其實非常簡單，赤牛仔在每年施雜貨的秋日市集上都會開這樣的親子手作課程，教小朋友製作自己的玩具或讓家長們和自己的孩子一起完成。

自然資材來自野地，汽車廢材都是過去修車時汰換慢慢累積來的，兩者都不需花費金錢購買，只需要一份巧妙心思，再加上我們兩人手作能力都不差，竟然讓我們因此慢慢降低了對金錢的部分依賴，後來甚至擴及家庭生活裡的大半部。曾經仔細檢視過，我個人不使用任何化妝保養品，我們兩人都不追求時尚，家裡沒有電視，也不外出看電影，吃施雜貨員工餐，住自己房子，水電稅金由施雜貨支付，車

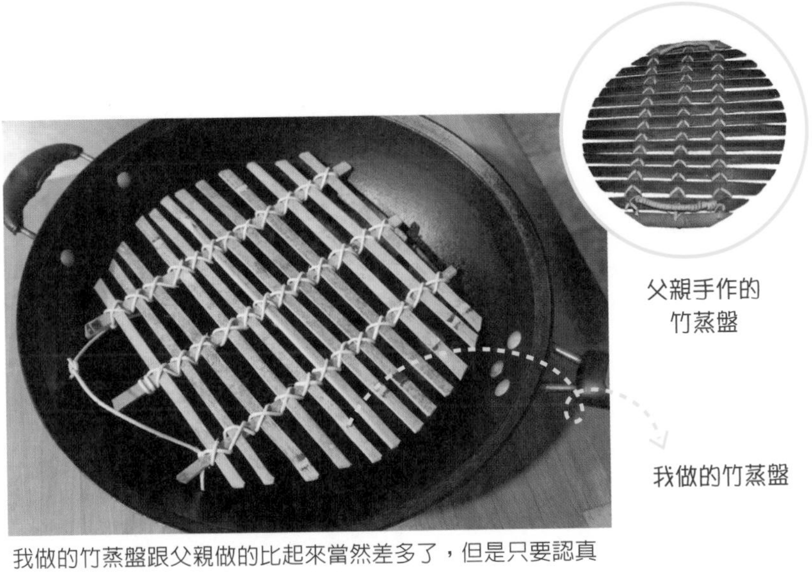


我做的竹蒸盤跟父親做的比起來當然差多了，但是只要認真練習，在技術上，我終將會趕上的。

# 博浪鼓製作

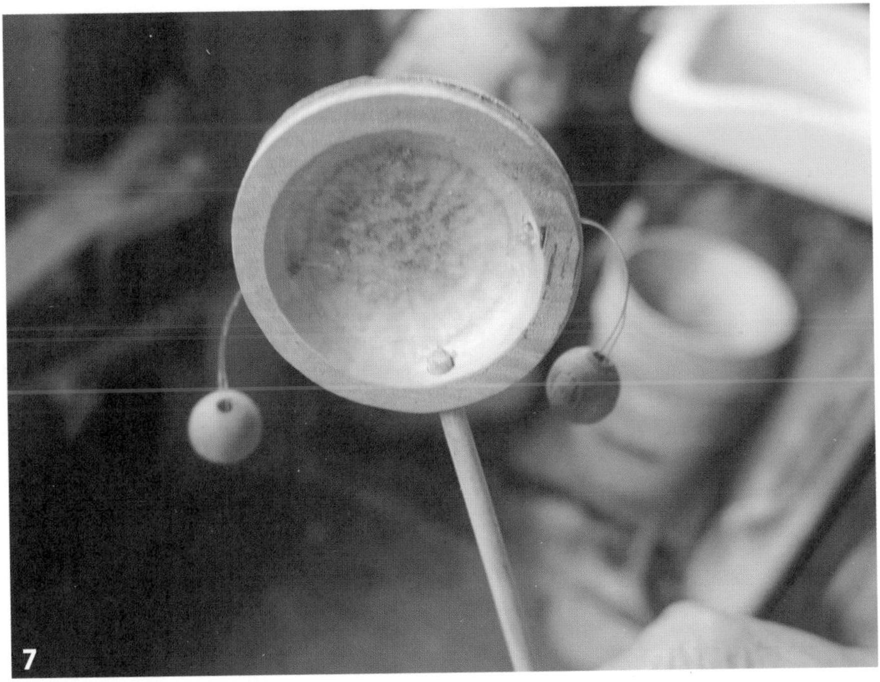

1 取竹節為敲擊板。
2 鑽孔。
3 裝上回收免洗筷。
4 固牢後修剪。
5 在兩側鑽出小孔。
6 繫上釣魚線。
7 這個博浪鼓的材料，包括一個竹節、一根免洗筷、兩顆廢棄汽車座椅墊的木珠子、兩段回收釣魚繩。

子是妹妹送的，兩人共用一支平價手機和一台近十年的筆電，算了算，每個月我們兩人的花費不超過六千元，哈哈！我們竟然過得起清貧生活了！

清貧生活不是無奈、不是迫不得已而為之的，事實上，真正的清貧生活是透過選擇，積極追求來，是必須具足善用物資能力的；養成不浪費的習慣，珍惜資源讓自己安心，足夠的體力勞動讓身體維持健康，深度體會生活和簡單的飲食讓心靈沉澱豐足，我和我的家人喜歡這樣的生活方式，我們正在過這樣的生活！

# 舊衣改造及舊布料的利用

吃穿免煩惱曾經是舊年代人們對生活的一種盼望。

記得在我的童年，想得到一件衣服是多麼不容易的事，母親在不能上工的雨天或夜裡，總是坐在窗前或燈下縫補我們穿破了的衣服，即使是補了再補、破得再不能穿的，也要將能用的部分留下以作為下次縫補時的補片。

以賣冷飲維生的婆家在雨天無法出攤的時候，媽媽也是成天坐在縫紉機前，幫家人縫補或裁製衣褲，後來我發現，她竟也悄悄地做起了娃娃的小衣褲。赤牛仔從小就穿媽媽做的衣服，而我剛懷上不久的孩子，阿嬤已經著手在準備娃兒出生時要穿的衣物了，所以，當孩子出生時，她已經有兩大屜的衣服可穿，最大件的估計當她長到六歲時都還穿得下。

媽媽還有個本事就是拆解舊衣作成另一件新衣，她說小娃兒若是從小就穿別人的舊衣，長大後會更懂得珍惜福氣，這話我信服，小時候我也常接收遠房表姊的舊衣穿，在那個物資艱難的年代，愛惜可用之物，不造成浪費，我自小就習以為常。而我這個得天獨厚的女兒，在她的成長過程中，阿嬤用巧思改造的每一件衣衫裙褲都讓她贏得許多人的讚美，即使，長大後去德國讀書，除了添購兩件禦寒大衣之外，七年後回國，幾乎是同一批衣物再運回來，她說：「衣服雖然舊了，但每一件都還好好的，沒理由不穿呀！」

吃飯穿衣是生活中至為重要之事，當填飽肚子不成問題以後，穿著打扮可就緊跟在後，成為下一個必須得到滿足的欲望了，也因為如此，紡織業的興起突飛猛進，在我知道的民國六十年前後，吸引了極大多數的鄉村女孩進紡織廠工作，而國中剛畢業，期盼能半工半讀的我曾經是其中一個，只是很快地發現自己經不起長時間機器的噪音及日夜輪班的上工方式，我逃離了，寧願去幫傭。

根據研究，一件新衣服完成後到消費者手上，衣服上還會帶著各種汙染物，其中以化學汙染最嚴重，有些汙染甚至需要經過多次清洗後才能去除，明白箇中原由後，我不再買新衣，我只穿別人的舊衣或自己用舊布料裁製的衣服。

在結婚之前，我自己也在成衣界待過幾年，在還很年輕的時候就看穿流行服飾是怎麼一回事了，為了證明自己沒有被商業操弄，從那時候起就不買流行服裝。上了中年以後，覺得一個人的價值是內在的豐富，是願意無所求地為他人付出，而不是任何身外之物，所以，衣物對我來說只要能夠遮蔽身體、保持溫暖就足夠了。一件衣物的完成是許多人曾經的勞心或勞力，以及背後土地環境極大代價的付出，因此，珍惜衣物不浪費只是我們的本分。

我們應該更善用這些父祖輩們想要也難以輕易獲得的生活物資，所以，改造是一個方法，更是一種生活態度，而且我個人覺得那是一種生活樂趣，甚至是一種魔術或修行了。

對我來說，舊衣好處多，當別人把新衣的汙染物消磨盡了以後，衣服更安全了，再者，接受舊衣無須花錢，更重要的是這衣物在製造的時候對環境的污染已經造成，沒有理由不穿；當然，別人的舊衣服不見得就適合我穿，所以，我只挑選喜歡的棉麻布料，樣式不對，那就自己動手來個大改造，上衣改成背心，裙子變成寬褲，餘下的布料還可以做成頭巾、圍巾、帽子或大小布包等等。

改造衣物可以發揮想像力，因為必須打破它原來款式，重新創造，也可以加強生活能力，因為會因此更懂得駕馭針線（或縫紉機），以後，簡單的縫紉不再需要求助於他人；可以訓練耐心，起針收線，得緩得穩，否則尖針扎手，絲線打結，求快不得，反倒煩亂一團；更能訓練專注力，只要手拿針線，讓針線在布帛上游走，常引領我在專注中進入一種靜寂，一種人間美好；舊衣改造可以節省支出，若成功了，不斷有「新」的衣物可穿戴使用，而且無須擔心改壞掉，造成金錢的損失，反正，本來的主人已經不想再使用它了，在我手上即使沒有改造成功，最終送到老弟的工廠當擦油布，做最後一次利用也很好，何樂不為。

當接收到一批舊衣或舊物時，畢竟我真正需要的不多，所以我會先分類，將大部分乾淨完好的打包，送到離家不遠的十方啓能中心經營的二手商店，一方面和喜愛舊物的同好分享，一方面讓啓能中心可以增加收入。在我手上，除了舊衣物之外，也會遇到許多舊的落地窗簾和舊布料，窗簾布大都華麗而俗艷，想要利用難度較高，但還是有可為的空間，它們成為我的床單，成為我夏天的小被子，成為浴室門口的腳踏地墊……等等。部分花色素雅，質料較佳者，還可以縫成抱枕靠墊及坐墊套子或者作為桌布使用。

我和 Migo 的小地鋪上鋪的床單是光滑的緹花窗簾布，不沾黏狗毛，易於清理。枕頭和靠枕的外套不是舊衣就是窗簾布，小被子則是媽媽用布莊樣品布拼縫而成的百衲被。

至於深藏在箱籠衣櫃裡有些年代的布料，其中為數最多的還是毛料西裝布，早年，西裝布料就是件賀禮，摺疊方整地裝在紅紙盒裡，從紙盒上蓋的玻璃紙可以清楚看見布料花色及質地，玻璃紙中間貼了張代表喜氣的紅紙條，是為祝壽，也為結婚喜慶。

在我婚後隔年，父親五十大壽，婆家為我準備的賀禮之一正是一套冬季羊毛西裝布料，然而，裁製西裝的工資昂貴，對於整日勞作的父親，這套西裝料子一直原封不動地由母親仔細地收在櫃子裡，幾回搬家也不曾落掉，直到幾年前它又回到我手上，媽媽用這塊料子幫赤牛仔做了件冬褲，向來穿慣棉衣褲的他還老實地接受，只是覺得這褲子怎特別扎腿，最後我還是把它拆了拼接成收納的布袋子。那之後，來自各家的西裝布料跟舊的落地窗簾一樣，依其質料或成為檯布桌巾或成為簾子坐墊，甚至成為閣樓上儲物遮塵的蓋布……等等。

至於少數棉麻布料或床單被套常因長久囤放或使用，往往部分泛黃、退了顏色，正好作為我植物染及裁製衣服的練習材料，完成後自己穿都挺好。有次，也開汽車修配

西裝布做的桌巾夠挺——在合樸農學市集。

廠的妹妹給了我一批印染失敗的淘汰布料，雖說是印染廢料，在我眼裡卻如水墨畫般地充滿意境，全讓我縫成窗簾，當陽光灑在簾子上時，那真是好看極了！

另外，有一種織品是一般人十分忌諱，萬般不得已使用了之後一定丟棄、甚至焚毀，那就是民間喪葬時會給孝子賢孫穿的孝服用布，通常有白、藍兩色。長久以來，遇到必須參加長輩的告別式時，主事者會依輩分塞給一件上香時穿的孝服，這件孝服製作粗糙，僅以釘書機做縫合，但布疋本身的質感自然，就是簡單的棉布（雖然染料有極大問題），當別人將它脫下之後一一丟入焚化爐燒了，我是將它摺好捲起，帶回家洗淨收著，布疋不過是民生用品，在我眼裡，它的出現與存在與任何織品沒什麼兩樣。

有一次，母親常親近的寺院大掃除，整理出一大批的佛事用金色布幔及白色和紅色棉布，問我可有用途，我想總有用得到的地方吧！這批收拾了兩個大整理箱的布疋在幾年後施雜貨辦的市集上發揮了極佳用途，我花了一些心思和時間剪裁、車縫，利用它們製作了近五十條的三角旗，市集日前一天去布置場地，當一條條三角旗拉上時，金黃色、藍色、白色、紅色，一串串各色旗子隨風飄揚，似乎昭告著來參加的每一個人：這裡是個有趣好玩的地方喔！

這近五十條三角旗我完全舊料利用，沒有花到什麼錢，但效果顯著，十分搶眼。這些三角旗的重複使用率不低，後來甚至還外借到別的活動中使用。對於舊物的利用，我始終相信以愛惜物力的心意出發就不至讓不必要或不再合宜的觀念困惑住，而能達到善盡利用的目的。

1 二〇一七年施雜貨和毓繡美術館共同主辦的市集中懸掛的繽紛三角旗。

2 3 市集上的小印地安帳篷也是舊布利用。

我有一個箱子裡頭收了喜歡的大小布頭和從舊衣服上拆下來的配件，媽媽也有一個箱子，裡面是一捲捲收得十分整齊的各色布塊，包括拆下來的鬆緊帶、鈕釦、拉鍊、裙勾、暗釦及各種穿針引線的輔助器，有時，耐心拆下來的線頭，一樣可以收集在用空的線軸上，需要縫扣子、補撕裂處時極為好用。

朱子治家格言「一粥一飯，當思來處不易；半絲半縷，恆念物力維艱。」我常想，自己對物資的愛惜是因為曾經的匱乏，現今人們在豐裕的環境中生活，所有的日常所需取得方便，使用起來也覺得理所當然，想活得更好，逐步減少對現代文明的依賴是一個重新開始的生活方式。物欲降低，心靈必然提升，不貪求，當下即得滿足。

1 我的雜物箱。

2 媽媽的布頭雜物箱子。

## 舊窗簾改造

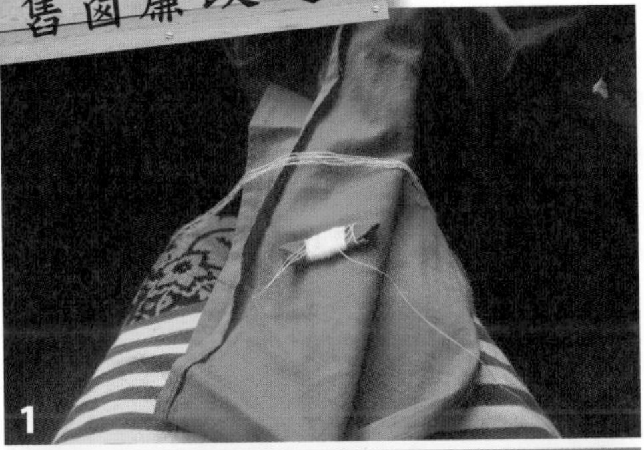
1

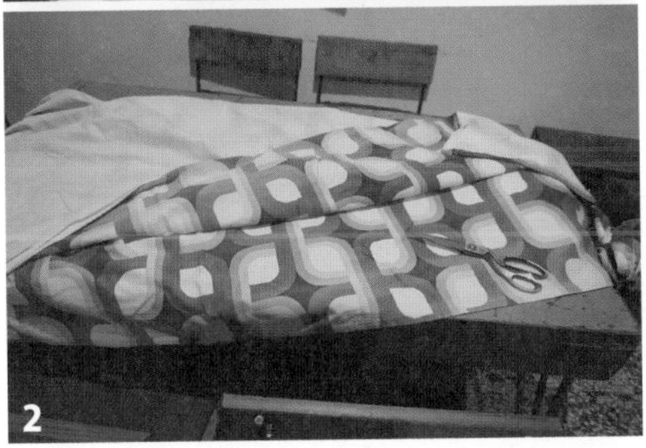
2

1 拆舊衣時也可收集拆下來的線，平時縫補時都非常好用。

2 淘汰窗簾布的再次利用，準備幫市集用的折疊桌做外套。

3 摺疊桌加件外套，既易於搬運，又可保護桌面不致損傷及弄髒。

3

1 朋友送的領巾，無論質料或花色都美，我卻喜歡它可以更實用一些。因棉布較厚實，兩端改窄易於包頭時繫綁。廚房中的工作必須把頭髮包起來，頭巾又是我向來所愛，自己動手做，方便又快速。

2 3 小狗的冬衣，小白和Migo的毛衣都是以相同方法改造自小童毛衣。

# 媽媽——和更老的老人相處

# 疊床

爸爸的喪禮圓滿那天晚上，我去媽媽房裡，剛洗完澡出來的媽媽看到我抱著枕頭被子，問我：

「妳欲做啥？」

「我欲和妳睏啦！」不管她的反應，我自顧著爬上床，睡在靠窗的一邊。

「毋免啦！妳轉去家己的房間睏啦！」

「唔……我欲睏啊！妳嘛緊來睏喔！」閉上眼，我自顧地睡了。

「跟妳說轉去睏都毋聽，實在……」雖然嘴裡呢呢噥噥小聲碎念著，她還是熄了燈後，悄悄地背對著我側躺下，很快地，我聽到她輕輕的鼾聲，反倒是我睜著眼直到快天亮了才懵懵睡去。

兩老人家感情極好，媽媽向來凡事都聽爸爸的決定，在生活上爸爸也都習慣依賴媽媽的照顧。爸爸生病期間，媽媽盡管憂心，每天的照護陪伴不容她多想什麼，但是，突然地，一個人就這樣憑空消失了，所有空下來的心力和時間一定會讓她難以承受，白天還有家人相伴說話，我擔心的是她半夜醒來面對空蕩蕩的房和另一邊床，傷心難過可想而知，不忍心她一個人獨自面對半夜醒來的孤單，夜裡的陪伴是我僅能為她做的。

有一天，媽媽要我幫忙將她大床的兩個床底重疊，我不肯，心想妳要趕我回房，也毋需出此下策啊！我說：「袂用哩啦！按呢危險啦！相疊袂穩，無的確（說不定）暗時睏睏ㄟ溜落來欲按怎？」

媽媽堅持著要疊上去試試，疊上去後如媽媽所想，果然穩當，媽媽高興地坐在床沿說：「妳看！在在（台語，穩穩之意）！」

床的高度剛好讓她的雙腳離地，手一撐，腳一踮，她就可以輕鬆地下床了。

她說：「我已經想幾偌工了，共跟我所想的完全共款！而且按呢眠床的大小我家己一個人睏嘟嘟啊好，房間又可以變較闊，這床底這呢重，我家己一個人搬不振動，才愛妳來鬥相共嘛！」

「這種代誌甘擔妳想會出來，簡直是架屋疊床嘛！」後面一句我語帶調侃地用國語表達。

「妳講啥物？」

「無啦！我說妳起落眠床要細膩啦！」

「袂安怎啦！妳放心啦！謝謝啦！」媽媽一連三個啦說得輕鬆調皮，我心裡卻心疼她，又為她感到高興，驟失生命的另一半固然令她哀傷，她卻也勇敢的馬上收拾心情，過起一個人的生活。

這個媽媽是我的婆婆，因為小時候家裡生活困難，姊妹眾多，從小被送到清水當養女，當人家養女期間，忍飢挨餓，吃盡了苦頭，因此也養成她堅忍柔和的性格。與爸爸結婚後，和自年輕就守寡的祖母相處，常得吞忍著極大的委屈，也幸好有她的好個性，對於祖母的予取予求總也盡力讓她感到滿足。等到我結婚時，身體健朗的祖母依然強悍，為怕我也遭受委屈，媽媽倒是極力護著我，媽媽說：「當年我家己做人新婦無要緊，妳是孫新婦仔，毋免這呢受委屈！」這是媽媽，像母雞一樣地護著我！

當年七十四歲滿腦子充滿舊社會思想的祖母早慣於掌握家裡每個人的任何決定，我親耳聽見她要媽媽把新進門的新婦「壓落底」，而那時的我年輕倔強，不輕易屈服，不斷地抗拒她施加在我身上的壓力，以致祖孫相處關係緊張，也造成爸媽生活上不小的困擾。直到大女兒出生後，祖母終於承認並接受我是家人，我才得到她某種程度的肯定和尊重。

多年後回想起這些過往舊事還真得感謝祖母，讓我因此清楚地看見我有一對這麼好的公婆。常有人問我，為什麼媽媽和我、甚至和我的小嬸（小叔的太太）之間沒有婆媳問題？我也常笑著回答，帶著兩家不同的生活習慣、不同的價值觀、不同的性格，怎麼可能沒有問題呢？尤其是我，在家身為長女、長姊，個性專橫強勢（比起祖母，我其實也不遑多讓），但是我比多數人幸運，我遇到了一個好婆婆，她用無比的耐心和愛心等待我長大，等待我成熟，況且，衝著媽媽的愛護，我不能讓她在苦了半生之後又遇到惡媳婦吧？我常想，媽媽無論遇到誰都會有好媳婦，而我？可不一定囉！說實話，我還真為自己捏一把冷汗呢！

所以，當親戚或朋友在抱怨媳婦不懂事時，我總是建議他們，試著去理解並愛護她吧！她會感受到被關心和支持，會及時成熟的！

1 媽媽向芫告狀：「妳看！妳看！妳媽又在欺負我了──」。

2 「哇！拍到了嗎？」這個老小孩說。

# 裁衣

在我懷孕期間，常跟在媽媽身旁聽她講述學做衣服的經過，看她展布裁衣，有時也動手幫忙拆解舊衣，或跟著她學開扣眼、縫綁衣服下襬。我問她，聽說孕婦忌拿針線縫綁，更忌使用剪刀裁剪，難道她不忌諱嗎？媽媽笑了笑說認真做家務事沒錯的，她自己從來就不忌諱這些沒有根據的說法，不放在心上，就不會受到影響，再一次，媽媽讓我驚訝地發現，她果然不是一般尋常婦女。

媽媽縫製衣服算是土法煉鋼，一個懂得裁縫的朋友先剪了紙樣給她，以這個紙樣為依據，聰明有創意的媽媽竟然自己發展出更多的樣式，從小嬰兒的「夏仔衫」到祖母愛穿的旗袍，居然都難不倒她。我喜歡她走的路線，大膽剪裁，自由發揮，後來，乾脆我拜在她的門下，成為她唯一的徒弟。整個家族裡，只有我們兩個人喜愛縫紉，我們的面貌又相似，不明就裡的人常誤以為赤牛仔是她的女婿，我自己也常得意地跟她說：「我比恁查某囝更加親像妳呢！」

為了體驗植物染，我一邊閱讀書籍、一邊跟媽媽解釋著染布程序，婆媳倆一起取染材用大鍋燒煮，萃取染液，下布煮染時，媽媽用竹竿使勁地攪拌鍋裡的布，頭上的灰白髮絲散亂，臉上汗珠斑斑，丟柴入灶時，火光映在她紅潤的臉上，有一種酣然醉意，有一種進入老年以後的溫柔美麗。

那是我們第一次一起染布，整個過程非常有趣，兩個毫無經驗又愛玩的人，僅憑一點書上提供的資料，一知半解地就大膽嘗試起來了。當布疋染好，洗去浮色，我們將布高高地晾在竹竿上，發現因布疋過大，在鍋裡施展不開，以致吃色不均勻，造成大小深淺不一的色塊，兩人哈哈大笑，可是，看它們在竹竿上迎風飄揚，劈啪有聲，又覺得布疋跟我們一樣地興高采烈，反正媽媽功力好，日後一定會知道怎麼剪裁能夠遮掩瑕疵，怎麼縫製可以表現出瑰麗來。

今年八十七歲，本名叫施鄭素月的媽媽，每天除了固定的早晚課，有時會待在屋頂菜園拔草澆水、活動筋骨之外，大部分的時間還是坐在縫紉機前做衣服。媽媽作的童衫非常可愛，是施雜貨架上的商品之一，深受一些年輕媽媽們喜愛。現在，「施鄭素月」是一個小小的服裝品牌，她為施雜貨

車縫衣服時的媽媽。

作衣服的最大心意是支持孫女的創業理念，也是她對孫女萬般的疼愛。

媽媽熱愛縫紉，作衣服是她的生活重心，她舊衣改造的樸實衣非常具有想法和特色。更有趣的是，她幫未出生的娃娃作「夏仔衫」，完成後，若她有感而發地說出裁布縫衣的過程時，常準確地預測到這小娃娃出生長大後的性情。有一次，她幫個女娃作好「夏仔衫」後，把衣衫交給我時，她隨口說：「這個囝仔不好扭拉，這領衫，車過來，車過去，伊攏有意見」，我當下會意，再問她：「頂遍那個咧？敢會按呢？」

「袂呢！頂遍那個真順手喔！」媽媽說。

相隔不過數個月，她幫兩個娃作「夏仔衫」，頭一個是男娃，出生剛滿月，第二個娃還在媽媽肚子裡，當時，當然還不知第二個娃娃會是怎樣的性情，卻可觀察到男娃確實文靜秀氣，這樣的事其實

媽媽做的童衣。

難以斷定，等到四年後的現在，哈哈！媽呀！妳可真神啊！上月赤牛仔和我適巧和男孩一起吃了他的四歲生日蛋糕，這孩子依然是慣常的聰明溫和、安靜有禮，每次看到他，總讓我想起以前女兒們看的動畫裡的一休和尚。

至於那第二個娃，嘿嘿！簡直黃蓉再世，長相漂亮，性情刁鑽，而她現在才三歲多而已，是的！她是個霸氣的女娃，其實，早在她過完周歲以後，我已經開始為她爸爸的將來擔心了……。

以上僅是事實陳述，絕無誇張。

# 一口灶

剛結婚時，老家有個單口灶，小巧結實，就擺放在廚房裡後門邊上，煙囪穿過屋頂上的小陽台排煙，每天傍晚，當我在陽台上收衣服及幫花木澆水時，聞到飄散在空中炊煙的味道都感到熟悉而親切，這正是我家鄉的味道啊！

這座看似平常普通水泥灌製的簡易灶，媽媽說她買房子時就找人裝上了，在一旁的赤牛仔馬上接著說：「我十三歲那年做的！」哇！五十二年，超過半個世紀了耶！

媽媽說這件事很容易記住，那一年六月搬到新家後，年底過年就開始賣甘蔗汁，削下來的甘蔗皮必須靠這個灶燒掉，那時候，每天削下的甘蔗皮量多，屬於大宗垃圾，垃圾車不肯收，只好每天曬乾後紮綑成適當大小，成為每天煮紅茶及晚上全家人洗澡水的燃料，媽媽的勤勞及善於持家不但解決了垃圾的問題，還節省了瓦斯的開銷。

後來赤牛仔兄弟分別創業，幾年後，爸媽結束冷飲攤生意，老家就租給相識的鄰人居住，一住十幾年，後來房客嫌廚房裡擺了個不用的灶占用空間，要求拆除。媽媽捨不得這個和她一起經歷養兒育女艱辛階段的灶就此拆掉，問我可不可能把灶搬到山上使用？我一聽，萬分驚喜，我正想著呢！正想著在山上怎麼建造個土灶，這下子太好了！這個灶比任何一個都還要更好。

為考慮排煙問題，我們把灶安放在屋外棚下，讓它成為一個外灶，只要回到山上來時，每天起床的第一件事就是升火煮熱水泡茶喝，更用它煮三餐，傍晚時就煮洗澡水，有家人或朋友來時，大鍋菜、大鍋麵，大家吃得不亦樂乎！有小孩跟著上山時，全擠到灶前爭拿火鉗，最後還得為這些孩子在院子裡另外生一個火盆，分散一下灶的壓力，否則灶膛將讓這些孩子用木柴塞爆。

其實，這個灶早已顯出老態，第一次的遷移已經讓它傷筋動骨，赤牛仔從溪裡找來黏土修補過幾回才能順利繼續使用，後來因故將它移入屋內又造成了一些損傷，煩勞赤牛仔幾番細紮塗糊，終於火氣灰煙可以正常運作。然而，在這整個過程裡，我卻看到一對母子不嫌麻煩，為維護曾經的過往記憶而努力，一邊認真補灶、一邊談談笑笑，笑談久遠前的塵煙舊事，也感慨時光早已不再，這個神奇的灶常在瞬間就輕易地把人拉回數十年前的瑣事日常裡，不斷回味。

灶前的媽媽。

# 彩霞滿天

媽媽喜歡跟我們回到山上，喜歡一整個早上蹲在菜園拔草，喜歡在草叢裡尋找野菜，喜歡一個人走在少有人蹤的林中小徑。有時，我在路的另一頭知道她正全然地進入一種靜寂之中，有時她會輕輕哼唱佛頌並彎腰撿拾被風吹落的枯枝，折成一握，再數握成捆的收起來當灶的引火材。媽媽的專注和活在當下，我還沒有。

屋前的庭院雖然不大，但是，當陽光透過牛奶榕和筆筒樹梢篩落的光束和光斑在整個院子裡晃盪時，整個空間呈現一種活潑的靜美。這時候，媽媽也喜歡坐在短廊下，靜靜看著眼前花樹在光影移動中的明暗變化，看那隻築巢在杏花樹上的黑冠麻鷺下地尋找食物，看竹雞匆匆橫過小路，鑽進長滿文

在屋頂菜園的媽媽。

殊蘭的水池邊，看見環紋蝶飛繞在姑婆芋和紫金牛之間，看一隻攀蜥完全無視於她的存在，緩慢地從她的腳邊爬過。當她對我描述看見的動物時，我完全清楚，因為，這些我也都看見過。只是媽媽的靜和定，我還沒有。

有一次新年假期帶她到花蓮玉里蓋茅屋，赤牛仔和我隨幾個年輕人下田去割草，她就坐在茅棚下仔細地挑茅草芯，一握又一握地堆成一堆，再讓我們把草芯攤到陽光下去曝曬。夜裡，她坐在茅棚下眺望橫在眼前的花東縱谷公路，看一輛緊跟著一輛的車燈，開心地跟我說：「緊看！緊看！這台火車有夠長耶」是喔！這火車可能要走到半夜才會走完囉！隔了好幾年後，突然想起當時和媽媽的對話，這才發現媽媽是用她的心在看這個世界，而我，卻自以為是地想要說服她接受事實真相。

媽媽單純地相信自己的心，我還沒有……。

屋頂平台上眺望。

## 媽媽語錄

「春寒雨若泉，冬寒雨四散」
「四月芒種雨，五月無焦土，六月火燒埔」
「三月初，寒死少年家；清明穀雨，寒死老虎母」
「三月三，桃仔李仔佝頭擔，四月四，桃仔李仔佝頭去。」*
「濟蝨袂癢，濟債袂想。」**

媽媽不識字，卻耳聞強記前人智慧之語，應用於生活日常中，或順應天時，不抱怨逆境，或警惕自己，勤儉持家，安於平淡。

剛結婚不久的我，初次聽到媽媽感嘆於當時有些人為圖享受，不怕債台高築，說出：「濟蝨袂癢，濟債袂想。」的話，著實讓我震驚十分，自那時起，也謹記在心，不敢稍忘。

媽媽常叨念的這些話，確實是拾前人牙慧，但是當她有感而發時，總讓我感受到她的樂天知命及對子女的殷殷期待。

---

*註：出自十二月謠。
**註：濟，多之意。

# 溫馨的陪伴—Migo

從多雨的六月走過來，整個七月的森林充滿著溫暖潮濕的氣味，林子底層腐爛的落葉堆裡常長出各種顏色、大大小小的蕈子，在月初尤其奇怪，連我們屋子前廊下的水泥地上及紅磚縫隙裡都長出幾簇可愛的白色蕈子，在它具有小斑點的傘面上凝結著細小晶瑩的水珠，當我們在這條廊道上進出時，大家都特別小心地留意腳下，刻意迴避著不去破壞這麼美麗的小生物，即使是我們的小狗Migo隨著我們來來去去，只在剛看到它時好奇地湊上鼻子嗅嗅味道而已，一整日下來竟然也不曾破壞它，誰說小狗只是個莽撞的傢伙，我是很不為然的。

將算好的茶杯放進一個提籃，再帶上一壺泡好的熱茶，小狗在身邊跳上跳下，牠看我走來走去忙碌地張羅著，手上又滿滿提著東西，知道我將去一個什麼地方，牠完全明白只要表現出熱烈的樣子，我絕對不會棄牠不顧。

小狗算是看穿我的心思，知道我要去的地方是現在很多人在說話的屋頂上的平台，當我帶著提籃爬上陡斜木梯，牠以為失算，站在木梯下狂叫，我聽出來了，牠是焦慮急切地大叫：「婆！我還在這裡呀！妳忘了帶我！」

「妳等我一下，我就下來抱妳！」牠真的聽得懂「等一下」，馬上，屁股著地，安靜地坐下來等我。

等我再次從木梯上下來，牠馬上輕快地搖著尾巴，一邊興奮地搖頭打噴嚏，一邊雙手刨地大叫，意思是說：「快些！快些！妳已經讓我等了好久！」

咨！我想下去！

上到平台之後，牠再次對在座的人，逐個聞嗅，又大聲吠叫一陣。朋友覺得好笑，蹲下來對牠說：「我們不是剛剛就見過了嗎？」

「忘！忘忘忘！！！」這是牠的回答。

等牠巡視過全部以後，大家第一杯茶都還沒喝完，這個剛剛急吼吼想要上來的傢伙已經又趴回木梯口，無聊地等著要我抱牠下樓了，這小狗，實在無法跟牠說理，牠的思維令人費解，雖然狗和人類已經有一萬多年的相處，我不知該怎麼跟牠解釋這個時候我想和朋友一起喝茶聊天，我又要怎麼跟牠講：「即使現在抱妳下去，不是馬上妳又吵著要上來嗎？不如妳就乖乖和大家在一起好了。」

「忘！忘！」牠等得不耐煩，乾脆跑到跟前，對我頤指氣使地命令了起來。

趴在地板上看書的梅受到干擾，頻頻搖頭

說：「唉！沒有上學讀書就是這個樣喔！」

千萬不要以為牠只是不想一直待在同一個地方，帶牠和其他小狗一起出門走路，其他小狗安靜老實地跑在我前頭，通常只有牠會落後，遇到泥濘水窪處，躊躇不前，原地站住，一對水汪汪的眼睛深情望著我，意思是：「婆！抱我！妳看這裡髒髒！」當我停下來拍照時，其他的小狗會在附近溜搭玩耍，Migo 呢？牠則馬上趴在原地，一動不動，把頭枕在兩隻胖胖的手背上，只剩眼睛滴溜滴溜轉，只等我拍好照，牠馬上站起轉頭往回跑，必得我大聲呼喚，牠才又不情不願尾隨在後。是牠走路累了嗎？明明我們離家還不到五百公尺！

Migo的幼犬階段因錯失和其他小狗的互動，以致未能充分社會化，在牠的世界裡應該只有人才是牠的同類，所以牠從來就不承認自己是一隻狗，但是，牠卻陪伴過許多我和家人收養的大狗或小狗，牠的存在讓這些曾經受過傷害或遭遇遺棄的狗狗們感到安心。有趣的是，當這些後來加入的狗狗與高采烈地要逗牠一起玩時，牠總是不知所措地迴避著，甚至常常會躲到我或家人身邊尋求解圍，我後來發現，確實是這些狗狗玩起來太盡興了，尤其是大頭和哈露這種流浪過一段時間、野性較強的中型狗，玩到激烈處常直接把腿短的Migo踢翻了出去，要牠接受這些沒有分寸的莽撞鬼當朋友確實是有困難的。

不過，確實因為有Migo，讓我在突然必須面對小白和牠的一窩小狗時，我會有更妥當的決定，在照顧慘不卒睹的Moonny及阿呆的臨終，及幾次在路上遇到車禍垂危或已經死亡的喵貓或狗狗時，我比以前更勇敢，Migo一直用牠的方式帶領我看見異種生命的真誠。

四年多前（二〇一五）六月初，全家人正如火如荼地籌備施雜貨在六月中旬的開幕，這時，已經十歲的Migo突然癱了一隻腳，緊急送醫檢查，原來是椎間盤突出壓迫到神經，只有緊急開刀才能避免牠下肢癱瘓。在Migo住院的一週裡，對牠和所有的家人來說都是莫大的煎熬，而因為想念與憂心牠的病情更是讓我夜裡難以入眠，每天探望時，牠的嚎哭聲裡也全都是對家人無盡的想念，別看牠只是一隻小狗，牠的愛總是全然地付出。

我們四目相視，彼此會心。

辦理出院時，醫師表示 Migo 日後需要適度走路復健，但是嚴禁上下樓梯及奔跑跳躍，為了迎接牠出院回家，赤牛仔改造了一輛小娃娃車給牠，讓牠有車可坐，又可以隨時下地散步。剛開始，實在煩不勝煩，一些人看不得小狗坐車，總是用輕蔑的口氣說：「呦～好狗命！」或者說：「怎不推孫子，倒推起小狗來了！」我乾脆回他：「牠就是我孫女！」

Migo 幾乎白天夜裡無時無刻都跟我在一起，冬天的晚上，牠確實會老實睡在我被窩裡，幫我先暖被，寒冷的夜裡有牠熱呼呼地窩在懷裡，讓常手腳冰冷的我舒服許多。可是，一旦到了夏天，牠就不理會我，哪邊涼快哪邊去，恢復睡無定處的模式，上半夜還悶熱時，牠大約選在南邊窗下，身體靠牆，可以睡到四腳朝天，我也樂得讓小暖爐暫時離開一下，等到下半夜涼了，牠自己就會跳上床找我，尋找溫暖。所以牠出院以後，為了免於牠又跳上跳下，乾脆我先把和牠共用了近十年的小床拆了，直接打地鋪，讓牠可以更方便地隨時離床或回來找我，至今四年多了，醒來常發現牠把我的枕頭當床或直接睡在睡墊中央，倒是我，被牠擠出自己的地盤。

有時，半夜醒來，聽到宛如悶雷的打鼾聲，原來一老一小，一時興起又組成了二重唱，赤牛仔的鼾聲像不遠處傳來的鼓聲，節奏分明，Migo 就在我耳邊上輕輕應和，旋律輕柔，這種時候我大概就只能盡量設法忽略這美好樂音，靜靜躺著，期望能夠慢慢再進入夢鄉，否則就只能輕嘆自己怎麼沒能像他們倆一樣。

曾聽一位愛狗的朋友說過，小孩跟狗是活在同一個國度裡的。當我還是個小孩時，確實也很喜歡小狗，和弟弟央求過父親讓我們養一隻狗，父親卻以無力飼養為由，斷了我們的期望，在那之後也不曾有和狗相處的機會。成年以後，有次去拜訪一位親戚，因為對狗不了解，還遭那狂吠的狗咬傷後腳跟，更因此添加了對狗的恐懼，所以，從不曾有過主動飼養狗的念頭。

我和其他許多父母一樣，都因為自己的孩子喜歡才接觸到小動物，這一接觸，竟把小時受到壓抑的愛小動物的心情都激發出來了！赤牛仔也是，原先聽小孩說要抱小狗回來養，還碎碎念著養小狗幹嘛？家裡修車，車進車出的，不小心軋到莽撞的小狗時怎麼辦？卻在小傢伙進門的霎那間他就折服了！記得那天，剛滿月不久的Migo一幅天真浪漫的模樣，芫從懷裡放下牠時，牠即

興高采烈地朝赤牛仔奔跑過來，臘腸長長的身體奔跑起來歪歪斜斜的，可愛極了！當下，赤牛仔馬上不支倒地，跪在地上跟牠玩了起來，完全不記得自己曾嫌棄小狗莽撞這件事了。

當Migo快半歲時，芫有一趟德國旅程，為了Migo，她猶豫著要不要出遠門，我鼓勵她前行並承諾幫她照顧小狗，等到一個多月後她回國，我再不願把小狗還給她了。

Migo像第三者一樣，牠的出現改變我們的床笫之間，赤牛仔和我協議分床而眠了。大床讓給赤牛仔，他喜歡趴趴或四仰八叉霸床而眠都可以很安心，再幫我在大床旁另安個小床，那是我和小Migo夜裡溫存的臥舖。因為，小狗夜裡頻頻移動，而我原本睡眠狀態並不安穩，為了不讓小狗及我的輾轉反側影響到須要更多睡眠的赤牛仔，分開睡覺不失是個好方式。

事情發展至此似乎順理成章，我們兩人也都心甘情願，接受這就是新的閨房之樂。有Migo陪伴的生活，我變得更積極，隨時抱抱牠和牠說話。每天幫牠梳毛抓蝨，張羅牠吃的、用的。帶牠散步、玩玩捉迷藏。每週幫牠洗澡，一起躺在屋頂菜園裡曬太陽，享受日光浴。在牠的世界裡，我是永遠而絕對的存在，這一點，也正好彌補了孩子離家後我空虛的心情，我們兩人一狗相依相隨，歡樂十分。

為了帶牠在身邊，我極少外食，有必要在外用餐時，首先考量的是願意接受小動物的餐廳，若是參加不能帶牠的活動或課程，一定事前安排家人照顧陪伴，不到迫不得已，絕不讓牠孤單地留在黑屋子裡，無聊到只能睡覺。通常，我們會願意為家人付出關心，願意為家人做某種程度的犧牲和妥協。牠！是家人，是這個家的孩子！望著牠清澈明亮、充滿愛慕的眼，我願意為牠打消外出旅行的念頭。

赤牛仔今年六十五，我六十三歲，Migo 也已經十四歲，我們的身體同時進入老年階段，我們能相互陪伴的日子，過一天就多賺到一天，我萬分珍惜相處的每一天。

親愛的小狗！婆好愛妳！

1 台灣百合和Migo。
2 咱一起上工了。
3 一起爬山。

# 廚房裡的音樂與散步、健走的時光

# 廚房裡的音樂

我對食物的欲望其實和對睡眠的需求差不多。

我睡得少，每天上床的時間都在夜裡十二點左右，早上六點醒來，睡眠時間約六個小時，有時更少，有幾次因為參加活動累壞了，晚上九點半睡下，一覺醒來以為天快亮了，一看時鐘，夜裡十一點半，接著，翻來覆去躺到腰痠背疼，睜眼到天亮，從此，再不敢十一點半前上床睡覺。

對於吃，我不甚講究，不僅吃得少，吃得更是簡單。大約是受幼年生活經驗影響，一直覺得天下最美味的食物是空心菜涼湯泡飯配乾煎鹹花飛。喜歡素炒韭菜和加了青蒜、芹菜的大鍋菜，喜歡辣炒酸漬蘿蔔和米粉湯，每隔一段時間，一定央求赤牛仔帶提籠去買碗大麵羹回來解饞，我喜好的食物範圍窄小，和一般人界定美食的距離遙遠。我這樣一個不知天高地厚的人，有一天，機緣賦予我必須為自家正要開的店掌廚，面對一臉期待又興致勃勃的芫，我當時的笑容一定參雜著苦澀的無奈，這該不會是故意拿我的短處開玩笑吧？再一次問芫，可是當真？確定？妳真的敢？讓我為正式營業的餐廳煮飯做菜？前面幾個問句問得用力認真，後面這一句，聲調降低，語氣猶疑，因為我實在心虛呀！芫眼裡依然充滿光彩，果敢地笑著點點頭說：「媽媽妳真的可以！」，我的天呀！我會不會把妳要我端的鍋給砸了呀？

可是，隨即我想，好不容易看到這個老是開除老闆的女兒想認真做件正事，這不正是我一直期盼的嗎？無論如何，硬著頭皮，拚了老命也要接下廚房裡的所有工作，讓這件好事有個開頭。剛開始，由讀餐飲的芫設計菜單，我們從四款季節套餐開始賣起，每款套餐的食材固定，少了一樣菜，這款套餐就出不了，只能算賣完，所以芫和我常常必須下午打烊後出門追菜，晚上還要為明天要賣的備料。出餐期，廚房如戰場，家人進出都要小心翼翼，就怕妨礙到工作人員的行動路線，弄得全家人緊張兮兮，搞到每個人都灰頭土臉，心情低落。

這還不打緊，更大的壓力其實都來自外場，只要前邊有任何動靜，這些反應來到廚房，蝴蝶效應，通常震盪的幅度都會相乘加大，有時常讓我緊張到胃部痙攣、臉上抽筋，那時開店營業才不過半年，我已經狂瘦了五公斤，芫看著不捨，她說：「媽媽別再瘦了，再瘦下去的話，都快要消失不見了！」

開店之初，一切還在摸索，戰戰兢兢，深怕有任何閃失造成店的損失及芫的麻煩，每天晚上常忙到深夜，早上六點以前就會醒來，廚房工作繁多又瑣碎，永遠也做不完，還要抽空準備家人的早餐，自己的第一餐卻常落到下午的三、四點之後，若不是芫及時察覺調整，依我的個性，大概就會等待自己的身體慢慢適應，因為，看見孩子的工作熱誠、看見她的堅持，萬分欣慰她有這麼大的轉變，我真的願意認真地學習廚藝，願意接受這樣的工作內容和環境。

為了解決我的壓力問題，希望可以讓我能夠三餐正常吃飯及有更寬裕的心做菜，我們一再開會討論，最後一致贊成改變出餐方式。依原先各家小農供菜的情形，沒有菜單的料理方式可以使用農夫們更多樣的食材，也更符合我不喜一成不變的個性。再來，芫自願當游擊手，出餐期間，她先進廚房幫忙，空檔時，隨情況回到吧檯或支援外場。我們小規模經營，參與的成員僅有四名，人力不足時，惟有靈活的一人當多人使用，才能發揮最大的工作效率。

如此一調整，在廚房裡有芫幫著盛飯裝湯，將食物裝飾擺盤，更重要的是幫我通風報信，清楚地告知外邊情況，讓我能準確地掌握時間，開火煎肉炒菜，從容應對，讓端上桌的每一道菜都是最好的狀態，因此，我不再感到孤單，不再覺得自己被孤立在黑暗的廚房，也有更寬裕的心情面對食材，進一步嘗試更多的料理方式，至此，感受到被關心和支持，感覺人生再次充滿希望。

當情況一旦改變，突然覺得所有的事都變得有條理，也許已經進入狀況，做事的能力得到提升；也許是自己因此開竅，更懂得作事技巧，慢慢地，心情不再煩亂，反而逐漸沉著，逐漸懂得享受屬於自己單獨的早晨。

早晨的廚房，明亮，安靜。淘米煮飯。湯在陶鍋裡小火慢慢地滾。整齊擺放在承盤上滴水的豆腐，細緻白嫩，散發出迷人豆香。小松菜早已洗好，青嫩翠綠地收在大保鮮盒裡。檯面上，胡蘿蔔橘紅，茄子紫亮，南瓜橙，甜椒黃，熟透的番茄紅又紅。還有今早下樓時，特地繞到屋頂菜園剪下的美人櫻和迷迭香插在水瓶裡，一個色彩艷麗、一個帶著濃濃迷人香息。所有的它們都是我邀請的合作夥伴，將為今天來臨的每一位賓客，貢獻出它們的美味和我誠摯的心意！

1 今日要用到的食材。

2 廚房備料中。（攝影／李奕琪）

在這樣的早晨，色彩繽紛，畫面漂亮，再來點音樂心情會更好，我想到平時常聽的巴哈・無伴奏大提琴。當我安靜地在廚房走動，將昨天晚餐後留在烘碗機裡的碗盤一一歸位，將檯面上晾乾的保鮮盒收拾好，輕聲地打開後門，感受早晨清新的空氣和從屋簷間灑落的陽光，這時候，廚房裡正流動著大提琴輕柔的樂音。

後來梅讓我看貝多芬的傳記電影，電影的一開頭就是充滿前進節奏的活潑極快板，後來知道原來這是貝多芬第九號交響曲的第二樂章，聽得我精神振奮，腦袋靈光，覺得這音樂也十分適合我在備料的早晨聽，所以，孩子幫我在廚房裡裝了音響，還幫我準備了全套的巴哈・無伴奏大提琴和貝多芬九首交響曲，讓我能夠在每天開始工作時，就有喜歡的音樂陪伴。

最近，我常想，最近這四年的生活應該也算是

香料架。

一種轉調，在我人生規畫裡從來沒有廚娘這一項，年過半百以後，一直以為自己的老年生活大概跟所有準備退休的人一樣；以為自己將會有更多的時間可以參加期盼很久的生態課程；以為可以更長久地留在山上，做更多更深入的自然觀察和紀錄；以為和赤牛仔可以開始實行計畫，揹著背包沒有目的地去旅行……，然而，生活裡總是有許多難以預料的意外，我的人生樂章突然轉變調性，現今，我覺得很慶幸，在情勢逼迫下的當初沒有斷然拒絕，其實，那是心中對自己也有幾分期待，除了一直充滿好奇心，我知道自己還有堅強的意志力，雖然因情勢逼迫，不得已倉促接受，後來竟然發現自己除了喜愛釀造，原來還喜歡做菜，這無疑是個驚喜，是孩子們為我精心設計的禮物，讓我看見自己還有更多可以發揮的可能性，誰説老了就不需要開發潛能？

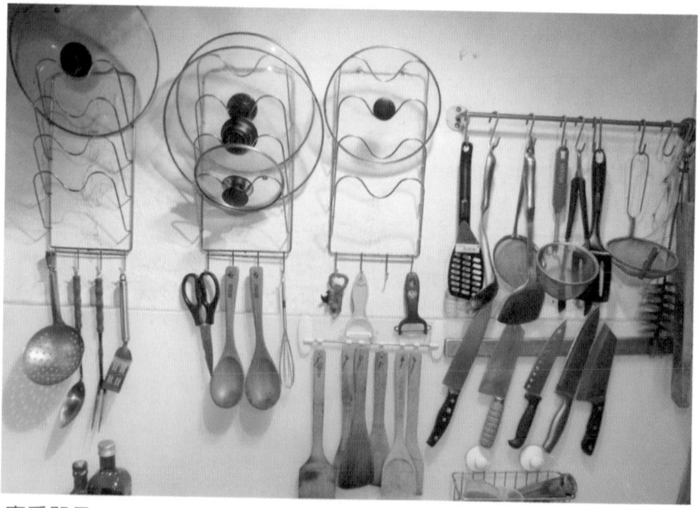

廚房器具。

# 散步·健走

散步對我來說是運動，也是調整心情的方式，更是和家人談心、分享彼此想法或溝通協調最好的時機，許多家人間的相處問題大都在散步的時候得到溝通和理解。

因為習慣早起，每天早晨大約七點之前就下樓進廚房工作，到八點時，大約飯鍋冒起蒸氣，湯也在爐上熬著，要用到的食材已經理出，在檯面上擺著，等待清洗，或削或切。這時，兩隻小狗已經迫不及待，興奮地跟前跟後，牠們知道該出門了！正好，貝多芬第九號交響曲第四樂章的大合唱也已經來到尾聲，先把Migo的推車組合好（看到組合好的推車，兩隻小狗瀕臨崩潰邊緣，瘋狂地來回奔跑及狂吠），熄了爐火，音樂也正好結束，時鐘正指在八點十分，把Migo抱上車，哈露已經衝出門外，一人兩狗出門，正好把整個空間讓給準備好吸塵器的赤牛仔。

我推著Migo快走，因為性急的哈露已經衝到了公園門口。八點多的公園，運動的人潮已經散了大半，只剩一些老人坐在樹下閒聊。哈露有時跑遠，卻也都清楚我們移動的路線，奔跑夠了就會隨時在某處出現。Migo則喜歡迂迴前進，磨磨蹭蹭，我只能跟著牠慢慢移動，牠雖然走得有點漫不經心，但是只要牠隱隱捕捉到風中熟悉的味道，牠就會站定，然後專注地抬頭聳鼻，這時從牠尾巴的搖擺幅度，大概可以看出牠判斷的確定性，隨著距離拉近，牠尾巴由輕輕搖擺到激烈擺動，等完全確定前面人群中有一個是牠的媽咪時，隨即拔腿狂奔，迎了過去，迎面走來的芫也一定奔跑過來：「寶貝啊！別跑啊！」這幾乎是每天固定在公園上演的戲碼，我們卻都樂此不疲，只要到了早上八點和晚上用餐過後，人和小狗都會心跳加快，興奮莫名。

因為芫和博堯的家就在公園的另一邊，芫每天早上走路穿過公園回店裡工作，我們幾乎每天用散步的方式在公園碰面，再慢慢一起回家，悠閒地吃過早餐、喝過咖啡後，每個人再去忙屬於自己該做的事，兩隻小狗則各自回自己角落睡覺。

通常心情特別好時，譬如，突然看見窗外明亮的陽光或是難得的出現湛藍天空，就會有人提議待會兒打烊後去公園走走。或是，心情特別糟糕，須要諮詢，須要排解，須要有人解悶，也會提議一起出門走路，走路的地點也許就近走到公園，也許穿過社區和學校，到更遠的山裡沿著飲水坑走路。

有時候，若當天沒有人預約用餐，我們每個人幾乎都會出現奇妙而複雜的心情，雖然人在店裡繼續著營業的準備工作，心卻飄升浮起，早已飛到九天之外了。通常都是我或芫會先提起：「今天沒人耶！」

「想怎樣？」馬上會有人接著問。明知故問嘛！沒人預約訂位，不就表示著突然擁有一整天的時間嗎？

「要不要我們……去爬山?!」那當然好囉！

凝神靜聽松濤。

「那，走哪兒呀？你想我們是一上二下？還是二上二下？」芫問。

「二上三下如何？三號你們還沒走過，黑松亭到三號入口那一段很美喔！」

門口掛出「臨時店休」牌子，揹上背包我們就出發了。芫和博堯自從隨朋友阿忠一家人到信義鄉爬山之後，這兩個孩子的登山熱情就被喚醒了，馬上計畫出一長串登山路線，包括幾座大山和數條古道。想爬大山及長途健走須鍛鍊體力腳勁，而離家只有十分鐘車程的大坑就有十二條登山步道，其中二號步道尤其陡峭適合訓練體力，過去赤牛仔和我也曾為上高山在這條步道上走過無數回，也常看到許多人重裝在這裡出現。因此，芫和博堯在店休日就常在步道上活動，為日後的登山活動做準備。

這天，我們一家人依慣例從二號步道上

1 家人一起登山健走。

2 遠眺中的梅。

山，一路攀繩拉索，腳踩棧道魚貫而行，每人皆氣喘吁吁，臉色潤紅。中途在黑松亭稍微休息後即往三號步道而行，當繞過一株高大松樹後，走在最前頭的我停止前進並佇立靜聽迎面而來的彭湃松濤聲音。良久之後，回頭看見孩子們也被當時的景象攝住心神，他們也正在屏息傾聽。

再次開始前行時，我們有一小段時間的靜默，當芫一開口，果然如我所料，她說的就是當時站在溪谷頂端的感動，孩子呀！更多更多的山等著你們進入，更多更多的山林風情等著你們去領會，現在，你們已經聽見，將來會看見更多並領受更多的衝擊和感動，一如當年的我。

散步走路是一件奇妙的事，連整天關在家裡的小狗都會因為要出門散步而興奮衝動，何況是人類的我們。我喜歡找時間出門散步或快走，無論是和家人或知心朋友同行，無論是帶著小狗或獨自彳亍，或晨或晚，都能感受到身心正受到周邊自然景物的洗滌和安慰，內心因此得到難得的寧靜。

冬日午後陽光正美。

# 第四章

# 相約一起變老

# 一起修車

# 初當人婦

年輕時，認識一些男孩，也談過幾場所謂的戀愛，對愛情有一些憧憬，事實上，壓在心裡頭的卻是更多的茫然。在那些年月裡，二十歲出頭，還不真正識得人生，卻往往得作出人生重要的決定，看著身邊的朋友們一個個走進婚姻，卻沒有哪一個是內心篤定的，看見這些情形，我更感到害怕，害怕跟多數人一樣在婚姻裡失去自我。

然而，最終我還是結婚了，對象不是認識的任何男孩，反而

初為人婦。

是媒妁相識不久的人，這人有一種敦厚讓我動心，直覺告訴我他值得信賴，值得信賴終身！

當向身邊的朋友宣告要結婚時，朋友們都覺得我拿姻當賭注，沒想到父親對我的決定也極度感到憂心，他並非質疑對方人品，知女莫若父，他擔心的是我野性太強，終究難以為人媳、難以為人妻，別最後困住了自己，還拉了個忠厚人當墊背。

履行婚姻義務確實有相當難度，進入一個陌生的家庭，不僅必須以這個家為終生的家，以這個家的每個人為家人，還得割捨對原生家庭的依戀，無論生活習慣、價值觀及情感各方面均造成我內心相當程度的衝突和糾結煎熬。而且，當時年輕氣盛，個性執拗，在日常中難免有情緒不穩的時候，尤其在當了母親之後，產後的鬱悶及徬徨常讓自己陷在莫名的絕望裡，如今想來，仍然心有餘悸，當時若不是有家人的理解包容，依自己在那個時期的衝動剛烈的性格，有可能因此錯過後來的幸福，父親了解我，他的憂心不是沒來由的。

也因為發生了這些事，醒悟到人生必有這一痛時，彷佛自己在一夕之間長大成為一個婦人，更因為清楚地感受到被赤牛仔的手足接受認同，被爸媽保護疼愛，這才甘心情願地承認自己確實是這個家的一分子，對這個家的感情也才逐漸建立起來了。誠如媽媽在結婚當晚跟我說的：「新婦，佇厝內是欲做樑、作柱！」媽媽說的話是對新進門媳婦的期待，當時聽得懵懂，很久以後我才明白我必須學會承擔，承擔照顧好一個家庭的責任，然後，我才能保有並發展屬於自己的夢想。

慶幸婚後有幾年的時間是和婆家所有家人同住，讓自己有機會好好認識他們，至今他們依然是最棒的家人，很高興我沒有錯過任何一個。

值得一提的是赤牛仔和我個性迥異，他天生溫和寬厚又務實，我急躁心眼多，不僅想把他改變得更符合我理想中的另一半，也總在算計著如何讓他凡事順我意，我們之間會出現爭執，通常是為了維護我所謂的自尊心，或針對某些事件，堅持要爭出個是非對錯來。所幸從不曾有過惡言相向的激烈爭吵，這也許得歸功於有爸媽的好榜樣及當時的營生不易，盡全力打拼生活都不容易了，哪還浪費心力爭吵？

我對他的期待盼望後來也有了轉變，他讓我看見真正的素樸單純，學著欣賞他、讚嘆他，反成了我生活裡該學習的部分。也因為這個轉念，我發現一個事實，四十年來處心積慮卻沒能改變他，最後料不到自己反而被他改變了！

# 師仔師傅

結婚之前，我就知道他是個修車黑手，對這個行業我完全陌生，所以沒有任何設想。在相處一段時日後，更確定他這個人的寬厚純樸，也因為看到他認真負責任的工作態度，知道自己必得要和他一起面對生活才能共創更好的未來；所以，在一九八〇年前後，年輕人大量走進服務業的年代，修車勞力看緊，在找不到技術人員的情況裡，我們僅能縮小營業規模，而修車工作十分耗費體力，汽車結構的許多部位零件笨重，須對準角度才能順利拆卸，這時若無人幫忙扶提，單靠一人修車其實非常辛苦。

剛開始，我想到的是必須陪伴他，在一旁和他說說話，也許學著遞遞工具或拿燈幫忙照明，

學徒生涯。

漸漸地，對汽車的構造竟有了一些好奇，在得到解答後，非常自然地從最簡單的拆螺絲開始做起，料不到竟然愈做範圍愈大，能做得愈來愈多，包括修車前的準備工作及善後收拾，引擎分解後的零件清洗，基本保養的檢查油水，檢查胎壓及打氣，甚至在赤牛仔的指導下更換零件，或修補破胎、更換新胎，一邊實際操作、一邊學習理論，於是，我的修車學徒生涯就此展開，我成了一名真正的黑手，一做二十個年頭。

在赤牛仔的修車生涯中帶過數不清的徒弟，我常問他以前那些徒弟當得如何？而我現在又當得如何？他總是笑著說：「妳是最特別的一個，不能打不能罵，我辛苦賺來的錢都被妳拿走，有時，為了接小孩還馬上丟下手裡工具，連問都不問一聲就出門，哪有徒弟這樣當的。」

「不過！」怕我翻臉，他隨即補了一句「看妳操作機器換輪胎還真像個樣子。」「什麼像個樣子而已，我確實做得很好呀！不過，你這話說得還算順耳，就不跟你計較了，可是，你也不想想過去你哪個徒弟幫你煮飯洗衣了，真是的！」哈！剛說完不計較，忍不住還是計較了。

倒是在師徒傳藝的這件事上，我早清楚這輩子是不會有出師的一天了，在他忙不過來的時候能夠幫上一點忙，在他疲累的時候，陪他說說話、解解悶，在他飢渴時有茶水食物，聽他解說手上正在維修的車輛狀況，和他一起夢想未來，相偕相伴！

# 車來車往

正式成為黑手之後，獨自出門將有問題的車開回廠的機會多了。讓我真正體會到面對生活該有的承擔，另一方面也慶幸自己並沒有只想躲在赤牛仔身後，靠著他的呵護過日子，於是，奔波往來成了我生活的一部分，隨時應對車輛的各種狀況成了我新的考驗新的學習。

修車工作關係到行車安全，我們必須負擔著業務及道義上的責任以致讓我的心理壓力頗大，車來車往，都是風險，都是責任。在三十多年前，車輛普遍老舊，會進廠的車通常都已出現大問題，在這種情況下，當車主人通知車廠前去取車時，車廠一定會問明車輛故障原因以便攜帶應用工具，若碰上車主完全狀況外，那樣的情況就考驗取車人員的應變能力了。遇電路中斷者，帶著電池一路熄火一路引電的有之；有水箱或管路漏水，導致溫度過高，走走停停，得時時加水的有之，遇到真正車子動彈不得，在拖吊業還未興盛的年代，車廠只能動用自己的車，以長繩連接的方式拖回修車廠，這種拖車方式非常危險，前後兩輛車把握方向盤的人，都應小心留意靠近的行人及車輛，不能有任何閃失，少數幾回我必須跟著出門拖車，在路上緊張的程度幾乎讓我瀕於崩潰邊緣。

曾經開著一輛小貨車要回廠修理，路上停紅燈時有人大聲喊叫並緊急拍打我的車門，因為她看見了從我的座位下冒出一陣濃煙，霎時濃煙中又出現了火花，嚇得我一陣慌亂，幸好還知道關閉引擎電源，緊急中迅速以衣袖護手撲打冒出火苗的電池才未釀成災害，不過，就已經讓我嚇到雙鬢發麻，全身哆嗦了。

應召出門修車諸多難處，常因天氣地形的限制相對提高了工作困難度。雨天是車子拋錨的高峰期，風雨裡趕著出門的陳先生發不動引擎，急得跳腳，赤牛仔穿上雨衣，拎著工具袋才出門不久，趕著上班的程醫師在過了地下道時，噴濺上來的積水打溼了分電盤以致熄火拋錨，程醫師氣急敗壞地一通通電話不斷催促著，怎麼辦？才一轉身電話鈴聲又響起，接嗎？或是不接？我心裡慌著！當然要接！不得不接呢！

「喂？是！葉先生什麼事？啊？您的車也發不動？在那兒？可是師傅出門救車還沒回來，您能等一下嗎？幾時啊？我也不確定耶！好！好！一定！一定——」

冒雨趕到附近陳先生家，老遠看到陳先生撐著一把大傘，穿著雨衣趴在引擎上的赤牛仔身在雨裡卻一臉汗水，傘外噴濺進來的雨水依舊讓分電盤透濕，赤牛仔手中一條擦拭乾布幾乎都能擰出水來了，若單靠打火機的熱力想要烘乾潮濕的零件，那是不可能做到的事，勸陳先生放棄，等待天晴自然就好了，抬頭望望不歇的雨勢，再打量車上一箱箱待交的貨物，他懇求著：「再試試吧?!」雨天裡愈是分身乏術，愈是突發狀況頻繁，甚至只是個簡單的車輛故障在不良的氣候中都變得非常棘手。

也是熟客的林先生的裕隆旅行車常因後車樑斷裂需進廠換修，且每回車身上塵土厚重到看不出原來車身顏色，不明白何以有人會將車蹂躪至此，一問，才知道林先生在海拔一千八百米的瑞岩山區照管著一大片果園。有一天，林先生從山上來了電話，他用來整地的小山貓有個小零件壞了，詢問能否幫他帶上去更換，為了要我們上山，他不惜以當熟水蜜桃誘人，「現在上山正好，香甜爽脆的水蜜桃正在採收，保證你不曾吃過這種口感的，來了不僅讓你吃到飽，還要你吃了不想回家。」

依照電話中指示，進入力行產業道路時，我們才恍然明白林先生的車何以會塵土厚重，原來這條路坍塌嚴重，路上兩條車轍深陷難行，積水處車輪常空轉而爛泥

一人修車廠。

四濺，乾燥路面則塵土飛揚，回身看，車上一家老小表情茫然，和赤牛仔相對望，我們心情漸漸沉重，而林先生的果園卻還在千山之外、還在白雲深處，伊甸園裡亞當夏娃偷吃了蘋果後在人間受苦，我們卻連水蜜桃都還沒見著呢！

# 掙扎與挑戰

在下班以後若接到求援電話總令我們十分為難，為自己設想的話，老實說是再不願為營生奔忙了，可是只要是自己的客人，只要這車是一直在我們手上保養維修的，我們其實都難以拒絕，總自認這是我們職責所在，尤其事情若發生在半夜，易地而處，更是難以推託。

然而，這樣的情況往往又造成家人的擔憂，只要深夜聽到電話響過，又聽到大門打開的馬達聲音，幾乎所有已經安睡的家人都會被驚醒而起身查問，他們的疑惑和擔憂都是相同的，都半夜了，這時候出門很危險的，不能拒絕嗎？不能明天再處理嗎？不能請他找別人嗎？是啊！正因為已經是半夜了，他（尤其是她）在回家的路上，車子又拋錨，這其中的危險可想而知，所以當梅氣急敗壞地提出她一連串的疑問時，想了想，我只能說：「還真不得不去！」

為了讓家人不過度擔心，也為了自己心安，若迫不得已必須夜裡出門或必須進入郊野山區，我一定要求同行，兩人結伴，互有照應，除了照看安全，也多個幫手。及至後來拖吊業興起，我們才解除了這個長久來常會出現的內心掙扎。

多年後的今日，回想起兩人一起修車的種種，往事如雲卻歷歷在目，其中艱辛歡樂參半，滋味濃厚。忘不了帶著還幼小的孩子在寒天雨夜還得騎機車奔波往來，忘不了酷暑烈陽下忍著焦烤就為了救援拋錨車輛，不僅要完成車主所託，還須時時留意自身安全。有一次，為了追收欠款，利用下工後的時間循線進入山區，欠款人卻早已遠逃，欠下的多筆爛債全推到毫不知情的老父身上。那個晚上回程途中，抬頭仰望快速後退的暗黑樹影及林梢外朦朧的月色，赤牛仔和我心情沉重，一路無語，我身後綁在機車貨架上的一大袋鮮筍卻一再提醒我老人絕望的眼淚，我當時知道，赤牛仔和我所想的是同一件事，這筆帳……收回無望，將一了百了了！

但是，生活的艱難從不曾讓我們感到挫敗，因為我們也看見日常裡同時存在著許多尋常易得的溫暖快樂，我喜歡在家人睡了後陪伴專心組裝引擎的他，四周靜寂，只有我們小聲的交談和器械輕輕相碰的聲音；喜歡他在交車後回程裡幫家人帶的點心，喜歡他被捉弄後羞赧靦腆的笑……。

修車生涯讓我們練就一身生活技能，學會品嘗細微的美好，進而逐漸修正生活方式，讓我們的老年得以心安而自在，這不就是所有人希冀的幸福嗎？

一起探索

# 重新思考

當生活只剩下汗水與油汙以及永遠應付不完的車事時，我開始懷疑這是真正自己要的生活嗎？努力工作是為了建立或改善生活，而為了忙於工作反而把生活毀了，時常連最基本的三餐也常落到無以為繼的地步。

一早還不及打開店門，電話就響個不停，常常是催促著去引電、補胎或是限時拿車回來保養、修理，甚至鄭重言明得限時交車，迫得人必須在侷促的時間內完成工作。修車時，面對極為複雜的機械設計和不同年分、不同規格的材料，送錯物件的情況層出不窮，常在忙過一陣之後，往往早餐只能併在午餐裡一起吃了，更且常在用餐時偏偏又來了不能久等的客人，這時又必須放下碗筷，馬上為他處理車事，如此一延宕，這一餐能匆忙扒兩口就算是對肚皮有交待了。

工作可以維持生計，也能獲得某個程度的成就感，可是，當工作只讓人感到疲憊不堪、心力交瘁時，生活也僅剩了無情趣的敷衍應付了。我極欲享受從容的生活，從容的生活卻必須建立在穩定的經濟上，我試圖從其中尋找到平衡點，因而我一直在想，若缺少豐實的精神資糧作為後盾的話，那長久下來，從不曾受到照顧的心靈必會感到嚴重空虛，不知今生所為何來。

人總想博得他人的肯定與讚許，卻從來不肯聽聽自己內心真正的聲音，問自己真正需要的是什麼？在汽車修理業裡混吃等死的這許多年裡，更看盡人們從車子的品牌年分中表現出各種人性，也從其中領悟到人其實跟車子一樣，一旦年老體衰、失去光鮮亮麗的外表之後，所有一切我們自以為是的也都將蕩然無存了。

當稍稍懂得獨立思考之後，我再不願盲目追求，再不願花這麼大的心力來迎合別人的期待，因此，我開始說服赤牛仔逐漸減少工作量，將多出來的時間從事野外活動，也讓長久屈於工作壓力下的身心有放鬆、平衡的時候，當有一個假日可以盡情盡興地悠遊山巔水涯，等回到工作中又具足了體力和寬裕的心情。

另一方面，也正好藉機把以前不良的生活習慣好好做個整頓，首先就是好好吃頓飯，可憐赤牛仔從來不曾好好地吃一頓飯，當修車黑手後，吃飯時間常被迫延誤或是得匆匆進食，如此進食實在食之無味，甚至造成嚴重的腸胃疾病，等自覺到再不願過這樣過生活時，吃飯的速度已經很難慢下來了，在一段長達年餘，重新學吃飯的時間裡，家裡餐桌上最常聽到的話都是：吃慢一點、不要吃那麼快……，提醒多了，赤牛仔還會感嘆地說：「唉！活到老了才開始真正學吃飯。」

有了這樣的思維和改變後，和赤牛仔仔細計算並討論著，我們的生活向來簡單，可不可能反向操作，當留在工作上時就善盡本分：當身上揹著大背包進入山林時，就盡情吸取清麗的山雨山風，盡情擷取草木花鳥的瑰麗狎獵。於是，一起探查自然成了新的生活動力，從高峰上，我們看見天地間洶美壯闊的山河大地，從幽微的古道，我們探訪先民踩踏生活的痕跡，突然，我們感覺眼前的視界更開闊了，我們的心變得更容易感動了，帶著這樣的心情回到塵世，回到原來的工作上，發現原本工作上的緊張焦慮消失了大半。

漸漸地，我感覺到為數不少的客户朋友對於我們的改變也深感好奇，也喜歡聽或一起討論這些平時不覺得特別重要的生活體驗，甚至也會表達自己在童年或年少時的田野經驗以及對大自然的嚮往，我也常從旁觀察到赤牛仔和服務對象的車主朋友，兩人站在待修的車旁談到忘情，或者，赤牛仔和客人帶來的小朋友蹲在角落上看泥壺蜂築的一個泥巢，後來赤牛仔乾脆在一塊巨大的老木頭上，黏貼上許多上山走路時撿回來的各種甲蟲屍體，因此吸引了好多大人小孩順便或特地來看這些漂亮的小東西。人類的祖先來自野地，人的內心深處其實時時響起大自然的呼喚，然而我們的心總讓強烈而混亂的物質欲望矇蔽，以至聽不見那個遙遠的呼喚聲音，只有在偶而心靈受到某些事或物觸動時，祖先透過血液流在我們身上的野地經驗才會被喚醒。

黃胸泥壺蜂和牠築的泥巢。

# 家有喜事

開始跟一群朋友攀爬高山以後，有時隔了一段時間因事牽絆不能上山，就有朋友會說：「再不上山走走，我都快要病了。」這種「高山病」好發於春、秋兩季，一旦發病，一發不可收拾，症狀是心慌意亂、不能呼吸、渾身痠疼、四肢無力、缺乏食慾及心情低落，症狀輕者，近郊快走或慢跑即會改善，嚴重的則必須揹上背包上山，三到五日才會痊癒。

正因為如此，一年裡總有幾回，有人會登高一呼，找一座山或找一條路，去看山色雲天，去看花草樹木，去聽蟲聲鳥語，去聽澗水落下山谷的聲音，去感受美好，去感受幸福。

為了爬山，不得不向車主朋友告假，我們的假條在出門前會方方正正地張貼在門上，大張紅紙上恭敬地毛筆正楷寫著：「家有喜事，三月卅日～四月一日，休息三天」，如此幾回下來，較親近的車主朋友都知道所謂的「家有喜事」就是這對夫妻又去爬山了。

「家有喜事」是個好理由，以此類推，聽一場演講是喜事，認識一個志同道合的朋友是件喜事，幫一隻受困的小動物解危更是一件歡喜的事，如此一來，「家有喜事」這張紅單貼在門上的機率就大大地提高了，為此，赤牛仔有時會用帶著歉疚的語氣說：「比起以前按時上工，時常延遲下工的情形，我現在真的很不敬業了。」

聽他這麼說，我總安慰他：「四十幾年來一直守在這個工作上，沒有人比你更盡責了。」

面對這樣的事，我其實比較站在隨順靜觀的立場，多年交情的車主朋友其實也在觀察我們，當他們了解我們對自己的生活有所調整規劃、有所期待時，能夠理解的會抱持著包容和支持，不能理解的，我們更放心地隨他們而去，所以，漸漸地，門口冷清了，除了有時好朋友前來相敘，就剩幾隻我飼養的室外狗在門口溜搭或坐臥熟睡了，時以至此，要出門再也無須貼紅單告假了。

探索自然

山上的園子經我們接手管理後，陸續栽種了撿來的各種樹苗，包括種苗場及路邊被棄置即將枯死的路樹小苗，或有人花盆裡或庭院養植不了的，甚至有人要直接丟進垃圾車的，只要看見了就帶到山上種植，其中包括樟、櫸、肖楠、烏心石、桃花心木、細葉欖仁……等等，我統稱他們為流浪樹，如今也茁壯成林。

加上園子裡隨機落地的原生樹種和各種紛紛自土地上自己長了出來的蕨類，大的如筆筒樹、台灣沙羅、觀音座蓮，及處處可見附生的山蘇、羊齒、水龍骨、崖薑蕨……，地上長的南投三叉蕨、石韋、半邊旗、烏蕨、密毛小毛蕨、過溝菜蕨、全緣卷柏甚或爬滿各大小石頭的伏石蕨……等等，林裡四處更長有簇簇野生香蕉和山棕，以及爬滿樹身、竹身的柚葉藤、風藤、鐵線蓮等各類藤蔓，

園子裡的大花羊耳蒜。

1 台灣風蘭。

2 毬蘭。

麗紋石龍子。

還有開花時花莖上一長串深紫花朵的大花羊耳蒜，共同形成一個極佳的自然環境。

在這樣的環境裡，輕而易舉地就會看見忙著覓食、求偶、養育下一代的各種小動物，鳥兒輕巧地在樹冠頂上或矮灌叢中鳴吟啼唱；攀蜥豎起鬣鱗站在短木上虛張聲勢地展示威風，受到驚嚇的石龍子則奔竄過一堆枯葉，急速隱沒於石頭細縫中，讓人來不及辨識，只見一道亮眼的色彩在眼前輕輕滑過；而整日整夜少有停歇鳴叫的各種蛙兒們一直停棲在水池畔或林子底層濕潤處，緊隨著這些蛙兒來的就是惡名昭彰的各種蛇類了，山上的蛇除了臭青公之外，我見過的還有漂亮的過山刀、阿里山龜殼花、赤尾青竹絲和雨傘節。

關於蛇，曾經是我山居生活的極大恐懼，我不斷詢問或觀察少數不害怕蛇的朋友們，想知道何以他們不害怕，也驚訝竟有人一談到蛇就眉飛色舞，極其興奮，最後才體悟到我的恐懼全來自於自己的自大無知，明白唯有多認識牠們才足以為自己解圍，之後主動閱讀蛇的相關生態知識，一有機會就更積極地去認識牠們。

逐漸地，難得有機會看到蛇時，一反過去拔足狂奔逃離現場且撫胸難以平復的情況，竟然我也能鼓起勇氣，安靜地隨著牠移動，探查我從不知道的牠的生活。有了這樣的開始，也再次證實了專家所說的：蛇類是相當害羞的動物。接著，與蛇近距離相視對望已經不再是困難的事，二〇一二年春，在鯉魚潭園區，我第一次伸手摸到小青蛇，六月，我已經可以內心安定地讓一尾美麗的王蛇在我手上盤繞，八月初，我讓小青蛇在身上遊來繞去，牠的舌信靈輕地在我頸間、耳

青蛇、Migo與我。（攝影／赤牛仔）

凝神靜觀中的赤牛仔。

邊顫動，我竟能沉靜安穩地用手承接牠輕輕滑過冰涼、柔軟的身軀。

赤牛仔雖然生長在都市，但是他從小對這個世界充滿了好奇，在我們的野地觀察裡，他給我很大的支持力量，我們兩人最後發展出一套一起探索觀察並互相協助分享的好方式，他以修車敏銳的觀察力探索，我作紀錄及尋找解答，他幫我壯膽，我照顧他的胃腸，尤其是山中的夜裡，向來怕黑又怕鬼的我就非常須要他的陪伴。記得早年有一次我們在森林裡夜宿，半夜聽到獸類低吼的聲音，我躲在睡袋裡膽戰心驚，他倒是不慌不忙，戴上頭燈鑽出帳篷查看，回來告訴我沒什麼事，大概是飛鼠發現什麼而發出的警戒聲，然後倒頭再睡，好像什麼事也沒發生一樣，他的那一份穩定讓我感到安心。

# 探索更簡單的生活方式

接觸到自然生態後開始感受到美好，當然也看見令人擔憂、環境日益敗壞的緊急情形，因為如此，讓我們意識到必須重新調整生活，一切以土地、環境為先，再論個己好惡，而且當開始這麼做時，我發現除了解決自己內心的焦慮之外，也影響著身邊的家人。

一旦開始關心生活環境，除了閱讀環保相關報導，最重要的還是從最基本的日常生活做起，可以從拒絕使用一次性塑料用品開始，也可以從多多利用舊有物品或自然資材做起。在施雜貨有大量的自然資材利用，從店門口的交通資訊立牌，到店裡用餐桌上擺放餐具的竹容器、竹杯、木盤、筷枕全出自家人的手作器物。

從十幾年前開始，我開始收集玻璃瓶，至今我依然喜歡使用玻璃瓶當隨身攜帶的水瓶，玻璃瓶冷熱包容，酸甜無害，清洗容易，我尤其喜歡冬天用它喝熱茶，抱在手裡，心都熨得暖暖的了！

常來施雜貨用餐的朋友們都知道，若有吃不完的菜需要打包帶回家，裝菜的容器通常是玻璃瓶，這些玻璃瓶都經過洗淨烘乾，耐熱耐油，安全又衛生，帶回家後還可以再次使用，如若不需要，下次帶回來還給我們也是可以。

自從意識到塑膠袋造成環境的嚴重危害後，我自己從來不購買，但是不得不或不小心帶回來的還是會有個量，唯一能做的就是重複、再重複地使用了，這些塑膠袋我先依清潔程度分類，最髒的不值得浪費水清潔，直接打入冷宮做垃圾袋；有些碎屑雜物的就抖抖乾淨掛起晾乾，日後可用來裝雜物；有希望清潔乾淨的我會集中處理，用洗過青菜的水先洗過，晾乾整齊摺好後，我常用來給店裡或市集上的客人打包購買的物品或者送回原來購物的店家，有些友善環境、有理念店家是願意不怕麻煩地回收再利用的，所以，整理晾乾的塑膠袋也是我的重要工作之一。

塑膠之後，另一個拒絕購買的是化學清潔劑，這類清潔用品許多都含有傷害人體及河川的物質，甚至還有其他毒性更強、更複雜的成分，想要依靠自然界的生物分解其實很難；至於家裡需要的各種清潔用品，我學會利用柑橘發酵的清潔酵素或直接萃取檸檬精油和蘆薈做成清潔劑來取代，因為成分簡單，便宜又安全，從家裡的廚房到浴室，從家人洗頭、洗澡到洗衣，無所不用，不僅省了購買清潔劑的大筆支出，更讓家人也學會了手作自己的清潔用品。

這類清潔用品的製作不難，很多人都在推廣，只要上網搜尋「清潔劑的製作方法」，就會跑出一堆資訊，不過，還是要留意資材本身的乾淨品質，千萬別拿到含有農藥殘餘的水果來製作，否則清潔不成，反遭汙染，那可就得不償失了。

# 一起創作

從小喜歡閱讀書寫，國中畢業後進工廠開始工作，喜歡閱讀和書寫的習慣從未改變，當時工資微薄，領到的薪水大部分得拿回家貼補家用，留在手上的一點錢除了留一些放假回鄉的車費外，大都花在舊書攤上了。當時年紀小，不懂得如何選書，舊書攤賣的書種類繁多而且雜亂，強烈探索的心讓我貪婪地讀完一本又一本用直覺買來的書，讀得懂的就心神領會，讀不懂的只好生吞活剝，當時年輕而貧乏的心也因此獲得滋潤和溫暖。不僅大量而廣泛地接觸到經典及現代文學，因為好奇，甚至讀了許多荒誕不經的書，卻也因此學會如何為自己選書。

開始懂得如何為自己選書閱讀，自然就會有心儀的作家，當時的林海音、琦君、謝冰瑩、張秀亞……等等都是我仰慕的女作家；從閱讀獲得心靈的滿足之後，也常有強烈的書寫衝動，提筆抒發心情是勢在必行的，因為，很長一段時間總覺得身體裡面有一股洶湧的力量在流動著，身邊無人可述說，書寫是最好的方式了，就這樣慢慢地也訓練了書寫表達的能力。

和赤牛仔結婚以後和他一起修車當起黑手，他的體貼給我一個很大的空間發展自我，加上當時經濟條件允許，我可以帶著孩子定期買書，可以更有計畫地閱讀，那時候寫出來的東西比較像是閱讀後的心得加上自己的生活感想。爾後漸漸地嘗試著自己下標題來寫文章，就在不斷閱讀書寫、書寫閱讀過程中，竟也累積了相當數量，這時候，閱讀和書寫的心情開始有了變化，不再單純地只是享受這個樂趣而已，我更想知道的是我寫出來的文字是否能夠感動人，所以當第一篇作品在報上發表時，心情之激動實在難以言喻。其實不知從什麼時候開始，成為一名作家的夢想早悄悄地在心底深處萌芽，只是連自己都不敢確定的事，只能埋頭努力，朝遙遠的夢想前進。

赤牛仔和我不一樣，他是個務實的人，很少談及夢想，注重的是確實的身體力行，從來不閱讀的他卻是我每一篇文章的第一位讀者，透過閱讀我寫的東西，慢慢知道我的想法，也因此引發他可以有更多屬於性靈的追求，所以，當我開始寫作的同時，赤牛仔也默默地發展他的創作天分，這是我始料未及的。還記得他把第一件作品帶到我面前時，我看見的是作品本身的樸拙有趣和他臉上的羞赧笑容，瞬間會心，我馬上回報他一個意外的驚喜表情，隨即，他抿著嘴笑了：「妳覺得……怎樣？」

「好可愛喔！材料精彩，創意大膽呢！」我故意誇張地說。

「嘿嘿！」得到明確的讚賞，他微笑地轉身回去原來的坐位上，過後好久好久，都沒有任何動靜，覺得奇怪，回頭看他，嘻嘻！這人竟對著桌上的東西呆坐傻笑著呢！

那是一根從苗栗鯉魚潭邊撿回來、扭轉得十分精彩的老藤，用裕隆汽車的剎車真空補助氣當底座，上頭裝的是一個類似大圓帽的物件，後來知道是從真空補助器裡拆解下來的內部零件，圓帽的帽沿配帶著一圈風鈴似的小竹管，中間繫上一串過年時才會出現的鞭炮串模型，鞭炮串下端飄著紅色流蘇穗子，喜氣極了！那一年的新年春節，它就端正的擺在店裡案頭上，贏得每位來拜年親友的熱烈讚賞，樂得赤牛仔神氣著咧！

赤牛仔的第一個作品。

這是一個美好的開頭。屈指算算，至今近二十年了，這個初次出手、不具任何實用功能的作品至今還供在佛堂一側，盡管紅鞭炮串及紅流蘇穗子都已褪了顏色，相對磨了這麼久以後的近期作品，這個最早做出來的當然顯得粗糙笨拙，但是它就是一個指引，指引赤牛仔朝廢材利用及創作這個方向走，對我們來說它存在的意義無比珍貴！

因為從小就從事修車工作的關係，赤牛仔其實一直都保有動手修理家裡水電管路及生活用品的習慣，從那時起，竟也因此展開了製作或改造須要的生活器物的生涯。而我是那個最喜歡出主意的人，不斷地找他的麻煩，要求他做這個、做那個，而向來勤快的他配合度好、行動力佳，從不推辭，因此，當我廚房裡的各種香料瓶需要明顯的擺放時，我找來合用材料，他就送我一座加了安全設置及各種尺寸格式的香料架（請見253頁）；當女兒需要兩個搭配電腦使用的音樂擴聲器固定架時，給他規格尺寸，三天內就交貨了，比上網購買還要來得快速又好用；看到路旁別人丟棄的舊家具，我與匆匆撿回來讓他修理好了之後再據為己用；他的工作使用空間其實有限，但是，當家裡需要一個小物件裝置時，他總是能夠變出適合使用的替代品，例如：我的一支單柄鍋的手把壞了，他就能找出一隻合適的裝上，提著鍋來到他跟前詢問，怎麼會有這支鍋把？那是從一個壞鍋上拆下來的配件，沒想到正好用上了，他說。

其實，沒有正好，也不會有恰巧，和修車不一樣，維修器物需要花心思及更靈活地運用。

當然，身為修車黑手，每天都有汰換下來的廢零件，以廢棄汽車零件當素材是最理所當然的思考，然而，有感於廢鐵冷硬缺少溫度，後來懂得搭配自然資材，讓完成的作品有更好的視覺效果及觸感，而自然資材裡又屬舊木料使用得最多，其次是棧板：使用舊木料的原因除了舊木頭風化後滄桑的感覺常讓人感動外，舊木背後的年代故事更容易讓人沉吟回顧；而早年廢棄棧板多的時候，業主還需請人處理，大致的處理方式就是找一個沒人管理的地方丟棄或放一把火燒掉，即使是現在，因故無法回收再利用的木棧板依然是許多業主難以處理的麻煩，當然，現在喜歡利用棧板的人不在少數，網路上也流傳著許多棧板利用的分享影片，但是後來發現有許多人其實是直接買新棧板使用，這當然沒什麼不好，棧板即使只是普通杉木卻也還是實木，比起膠合板對人體及環境的影響好多了，但是赤牛仔覺得還是要回到廢棄物的再利用最好，多了可用資材，又減少了大型垃圾。所以，他不停地利用這些取得的廢棄材料，嘗試著做出家裡需要的生活實用品，包括時鐘、燈具、收納物品的層架、大型書架、長桌矮凳、樓梯扶手、地板，甚至搭棚造屋都難不倒他。

赤牛仔尤其喜歡製作燈具，他總是說：「我喜歡燈帶給人明亮和溫暖的感覺。」既然是燈就需要個罩子集中光源或透過燈罩製造氣氛，這個燈罩，有時是織品布帛、有時是各式紙張、有時編藤、有時椰殼或竹筷，種類繁多，千奇百怪，大部分他都可以獨力完成，唯獨織品布帛需要我出手相幫，我喜歡他做好燈之後，耐心地在一旁看著、等著我慢慢車縫，完成後將燈亮起時，他常說燈好看是因為燈罩做得好，讓聽的人好受用。

咖啡麻布袋做的燈罩，樸素透光性好。

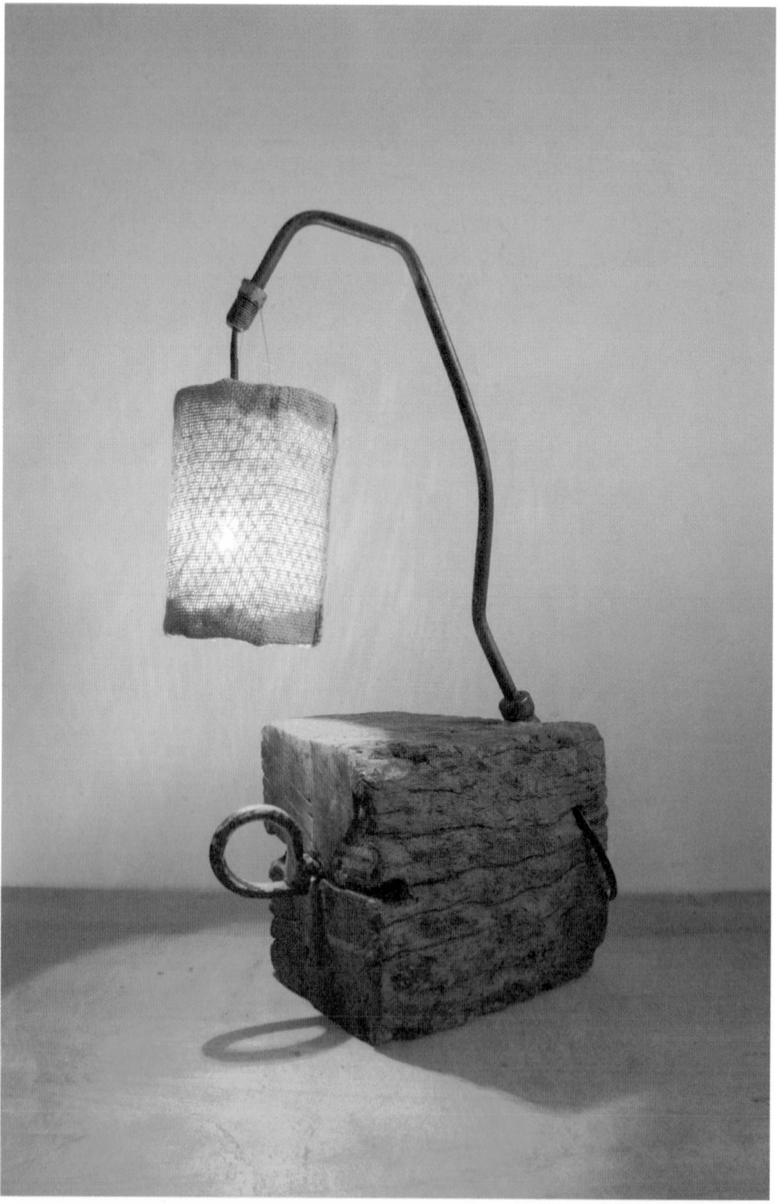

底座由建築老木料及汽車高壓水管構成，燈罩則是汽車空氣過濾器及咖啡麻布袋。

從椰子殼燈罩裡透出的光打在牆上，有一種極光飄移的感覺。

最後修車的那幾年，我們計劃性地減少工作，將時間和場地空出來，人在家時，那塊修車的空間就成了他木作的場域，從修車到木工焊作，轉換得毫無困難，修車的全套工具都不需要收拾，包括那具七匹馬力的空氣壓縮機，和拆輪胎的氣動工具正好用來拆解棧板或整理老舊木頭；那座跟隨赤牛仔數十年的固定型老虎鉗，在他雕刻小物件時成為最佳的固定幫手，至於其他電鑽、電焊機、板手、起子，甚至回收的螺絲、墊片、棧板拆下的釘子……等等，用在後來的木作或焊工上全部管用。

唯一讓我覺得難過的是他常被迫中斷正在專注的手作，只要有老客戶上門要修車，他就必須將做了一半的作品和工具收起來，好將場地讓出來，喜歡享受創作過程的人都了解，創作中途被打擾或被迫必須中斷時，一定會感到非常懊惱沮喪，在這種情形下，我想赤牛仔心裡一定得忍下無法一氣呵成的不痛快感，

電銲。

看在眼裡，我心中暗自盤算，他已經都過了六十歲，如今非常難得地找到可以專注的樂趣，那就應該鼓勵他完全退休下來，可以悠閒地、心無旁騖地做他喜歡的事。

於是，二〇一五年除夕，赤牛仔正式地從修車業除役了，從他十三歲小學畢業進入修車廠當學徒，這前後總共四十八年，接近半個世紀，不容易啊！現在，他的作品愈作愈好，有機會時，他就帶著作品去市集上或受邀展出，讓人們看見他巧手的製作，聽一聽每件作品背後的故事。

利用廢棄材料的創作方式是赤牛仔對土地環境的一點心意，他常說雖然修車工作讓他得以養家生活，汽車的出現讓人們擁有更便捷和舒適的生活，但是，無論從鋼鐵冶煉到汽車製造，從駕駛車輛到維修保養，每個環節其實都大量地消耗這個地球億萬年才累積出來的能源，他覺得每個汽車零件經過設計後都非常有自己的個性樣子，在它失去原來的功能後，若是還能讓它以另外的一種形式繼續被人欣賞或使用，不也很好嗎？最後，他總會說：「我只想讓它們生命再延續。」

我們之間，除了各自做自己的事之外，其實也一起創造完成了許多夢想中的事或物，其中最大件的作品當然是山上的那間小屋了。當一個念頭興起時，我們從勘查地形、確定小屋位置開始，在那幾個月裡的每個晚上，睡前躺在床上幾乎都在討論關於蓋房子的事，包括如何向管理單位提出申請，到決定房子的樣式、內部空間分配、建造費用預算、動工時間等等，有時候還與匆匆地爬起來畫圖，各自把自己想像中的畫面變成具體的草圖。

# 架屋之作

1 最大的共同作品——架屋之作。
2 廢材利用造屋。
3 一起丈量裁切。
4 完成後的小屋。

3

4

若當中有意見分歧，彼此都想要說服對方接受自己的想法時，難免會有爭得面紅耳赤的時候，比如：因為房子申請的建造面積只有十坪大，赤牛仔想把廁所設在屋外，然而當時的我對山上的黑夜還有心理障礙，而且孩子也還小，我希望廁所就設在房子裡面，為這事我們一直相持不讓，各執己見，到最後我提出一個折衷辦法，還是先設置在屋內，等我更適應山上的夜晚和孩子稍大之後，就把廁所拆除，直接蓋在屋外，看到我誠懇的請求，赤牛仔也體諒我當時的情況，願意日後麻煩一些再做更改，這件事終於取得共識，好或不好，責任一起承擔，當中只有包容，沒有抱怨。

在做這些事時，其實我們就在學習如何更理性的面對問題，進而透過這些發生的事去了解對方。早在赤牛仔開始廢材創作之初，不太自信的他總會拉著我去看他做好的作品，期望我給他意見或評語，他的心虛一如當年開始寫作的我，一時不察，竟落入強烈的自我裡，果真給他許多意見，對他的作品品頭論足，還盡情地批評，幸好赤牛仔天生有好個性，竟也一一虛心接受了。多年後，經過無數共同創作的過程，我看見了自己的傲慢與無禮，決定還給他更尊重和更清淨的創作空間和心情。

如今回頭看，慶幸我自覺得早，沒有傷害他太深。現在，他的創作狀態非常好，每每有令我們驚豔的作品出現，他的創作愈來愈有自己的樣子了！

有時候，我坐在窗前敲著鍵盤寫東西，偶而起身到廚房為自己倒杯熱茶，時常看見他坐在廚房外那個他專屬的角落工作，有時他正磨砂著手上的木頭，有時，他戴著面罩正在焊接鐵件，遇上這種時候，我喜歡安靜地隔著窗紗看他，欣賞他的認真和專注，欣賞他在生活裡的甘之如飴，忽然，心裡會浮昇起對他的疼惜，疼惜過去長久來他為生活的奔忙辛苦；也會為他感到欣慰，欣慰他終能在營生之餘找到可賴以自娛的方式和自己存在的價值。

一起創作，相互陪伴，適度的欣賞、讚美和支持對方，這樣的幸福很平凡，容易獲得，感謝上天，讓我們遇見了彼此！

《我生命中的花草樹木》新書發表會上。（攝影／苗天蕙）

這是個他可以全然獨處的角落。

一起變老

要真正認識一個人，我想，至少也得用一輩子的時間才夠。

初認識這個人時，他二十六歲，話不多，看起來有點臭老，前額微禿，身材矮壯，不是一般女孩會喜歡的類型，而我，正好不是一般女孩，我不追求愛情，當然也不在意外貌，當時二十四歲的我清楚的知道我要尋找的是一個可以相偕一生的人。

怎麼知道他可以共度一生？直覺告訴我，他是的！至於我的直覺準或不準就得靠日後的觀察來證實了。交往期間，他經常遲到，幾次還直接穿著髒污的工作制服出現；一起用餐時，他一定吃得盤底碗裡乾淨；相約進山區踏青，路上遇到有人車子故障拋錨，從不吝提供他的專業，往往捲起袖子就出手幫忙，事後卻老是把自己搞得一身油汙。單從這幾個地方，我就已經看到他一部分性格了，因為農家出身，最見不得吃飯時碗盤桌面拉撒著菜屑飯粒，他能一粒米飯都仔細吃乾淨，表示他一定有個好媽媽，或者他本身就懂得惜福愛物；知道他是個修車黑手，當他遲到或是穿著工作服出現時，心裡早明白一定是跟工作有關，盡責敬業，也正表示為人做事有原則。有一次故意問他為什麼髒兮兮地就跑來，不擔心把人嚇跑嗎？只見他一臉窘迫，用很抱歉的語氣解釋著：「我知道我這個樣子直接來，對妳很不尊重，但是，真的是不得已，今天工作多，所以沒辦法準時下工，如果還要先回家洗澡換衣服，絕對遲到會更久，那下次我一定約不到人了！」

好傢伙！還知道事有輕重緩急，先把人留住再說。進一步再問他：「如果真的把人嚇跑呢？下一次你一樣約不到人啊！」

「那就算了！也正好表示我們不適合！」他語氣雖然平淡態度倒是誠懇坦白，這點，我喜歡！

有一天，他說：「我們認識這麼久了」（天哪！還不到兩個月啊！）「我想問妳願不願意嫁給我？」（有這麼急嗎？）「這兩年來，我媽媽身體一直很不好，如果我們可以結婚的話，家裡就有人幫忙了！」這是他當年的求婚詞，從他的話語裡聽起來其實更像在面試看護，不過，我還是從他這幾句平實簡單的話裡感受到一種情感，不是對我，而是對他自己的家、對他的媽媽，這點倒是讓我有點訝異，讓我突然興起想多認識他的家人的念頭。

他的家位於都市邊緣老舊區段的巷道裡，低矮的屋簷下擺著一輛頗大的推車，他父母每天會推著它到附近街上擺攤賣冷飲，爸爸風趣可愛，媽媽嫻靜能幹，把家裡打理得乾淨有條理，他在家排行老大，底下有兩個妹妹和一個弟弟都已經在工作，從他們家人的互動中，大致可以看出家人之間的親密程度，的確是一個充滿體貼、充滿了愛的幸福家庭，也再次證實我的直覺是對的，而他的求婚詞是真心誠懇的。

結婚以後，我成為這個家的新婦，更近距離地看到這家人的相疼相惜：媽媽在前一年確實動過一次大手術，家裡大部分的粗重工作都由家裡的男丁攔下來搶著做，看到被貼心照顧的媽媽，同時，我幾乎也看到了自己的未來。

三十歲到四十五歲是他最辛苦的階段，離開合作超過十年的工作夥伴，帶著剛退伍的弟弟一起創業，一切從新開始，付出大部分的時間、體力和心力埋頭工作，那些時日裡，常一早開門接受不同的工作挑戰，晚上關起店門還得組裝引擎到半夜，繁重的工作讓他總在匆忙間用餐，卻餐餐食不知味，他卻從來不以為苦，他說最苦的應該是小學畢業當學徒的時候，那時常做到手受傷潰爛，每天照樣要泡到柴油裡洗卡車的各種笨重零件，遇到脾氣不好的師傅不只罵人，還會動手打或拿工具丟人，全年只休除夕下半天，全年的薪資是過年的理髮錢，吃住還得自理。

「但是啊！咱要人家的功夫，就要忍耐！只能忍耐！」聽得我的心好疼！好疼！數算著，他當學徒時我還在讀小學高年級，也正愁苦著前途茫茫，不知將何去何從！

刻苦慣了，他最大的心願是供給家人無匱乏的生活，每天工作幾乎都超過十三個小時，從不曾為自己購買過任何奢侈品，佩服他在修車業一輩子，早看透汽車的價值在於能順利運載，從不盲目追求名牌，現在開的車還是我妹開了二十二年的豐田，這輩子唯二的新車是一台為我選購的機車和五十歲時女兒送的一輛腳踏車，十幾年了，目前早晚還騎著它去運動；和我共用一支平價手機，全身上下穿的幾乎都是媽媽親手做的衣服，三餐飲食更是簡單，從不曾挑剔菜色，從小喜歡玩水的他，唯一的生活享受是睡前洗澡和數十年沒間斷的游泳。

赤牛仔和我婚前的實際認識不深，我們真正的相識相知是從共同面對生活開始，從柴米油鹽裡品嘗真正的人生滋味，從汗水油汙中體會生命歷程的艱辛和歡喜；在工作最辛苦忙碌的期間，每天夜裡，總看到睡著的他雙眉緊蹙，兩手微顫，生活的壓力與過度勞累快要壓倒他了，我覺察到必須作一些改變，於是想方設法慫恿他上山進野地，無所不用其極地強迫、拐騙或引誘他去聽演講或參加活動，一開始進展困難，數十年的規律生活突然被打亂，他會一時心慌感到沒有倚靠，該上工的時間拉下店門外出，更是讓他心虛愧疚，深感對不起信任他的客戶。

但是，當有一天，他拿起一團陶土時，他建立數十年的嚴謹城牆瞬間倒榻。玩泥巴是他小時候的重頭戲，那七月收割後的稻田裡，炎熱的陽光把田裡的水曬得表面滾燙，水下微溫，這裡是向上路農業改良場的稻田，是他和他那群玩伴放暑假時每天流連的地方；不只改良場打泥巴戰，還有土庫仔水肥會社捉蝦，或是瞞著媽媽跑到粗糠寮脱光衣服跳進大水堀游泳，故意潛到水深處撈起死牛骨嚇膽小的同伴，非得把他們嚇到尖聲驚叫才行，這些他小時候常遊蕩的地方，以及他調皮頑孽的遊戲，他當床邊故事，對我說過一遍又一遍，他不斷述説的那個男孩，在既簡單卻又生動的描述中逐漸清晰起來，小小魯莽卻又機靈，腦袋瓜裡整天都在想著玩什麼最好玩，這個同伴稱「赤牛仔」的小男孩，就是他！

果然，陶土喚醒了他曾經放懷遊玩的童年往事，木作則開展了他中年時期多方面興致的關鍵，估不論作出來的作品如何，他的人已經變得有點不一樣了，變得更容易受到感動，整個人鬆了，話多了，似乎，那個調皮又靈活的「赤牛仔」慢慢回到他身上來了！

中年以後的他，再次和他的童年相遇。

我手上有一張他小時候的照片，那時候依他穿的制服猜測，應該是讀小學三、四年級的時候，面對鏡頭，童稚的臉上漾著幾分羞赧靦腆的笑容，這個表情生動的程度，好像攝影師或在一旁的

童年時期的
赤牛仔

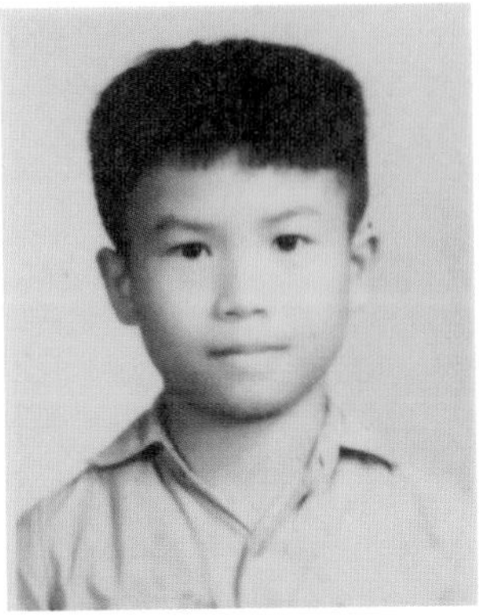

誰，才跟他說過一句令他難為情的話那般真實，現在，當他說錯話或詞不達意被調侃時，他臉上還是常會出現這個靦腆的笑容。

二十年來，大約每隔兩個月，他的三分頭就必須整理一次。幫他理髮一直是我的任務，雖然他天生額頭就高寬，頭髮其實還算烏黑濃密，四十歲之後卻快速進化到M字禿頭，幾年前地中海已經出現，正待笑他可以去演清朝勇士了，轉眼間，銀白的短髮倒是添了幾分優雅氣質，每次幫他理好頭髮時，總喜歡用掌心在他光亮的頭頂心上磨個幾圈，告訴他：「愈來愈像史恩康納萊囉！」史恩康納萊是誰？好！沒問題！馬上上網Google，看到這麼帥的老男人，嘻嘻！他又靦腆地笑了！

他有一雙厚實短胖的手，平時我喜歡握著他的手摩挲，感覺飽滿柔軟，溫暖有力。冬天夜裡，當我鑽進他早已睡暖了的被窩裡，寒冷依然讓我全身僵硬，彎曲如蝦，睡夢中的他總是很自然地把我冰冷的雙腳夾在他的大腿中間取暖，並握住我同樣冰冷的手，然後喃喃地說：「喔！死雞仔手」，耳側，感受到他呼出來暖暖的氣息，很快地，我全身就暖和起來並安心地睡去！

我常沉浸在自己的愛好裡，不管是閱讀、書寫、繪圖、手作、拍照，甚至花一整個下午的時間看影片，無論哪一樣都容易忘記時間，許多時候，讓他進廚房找不到東西吃，他就會順便帶著提籠出來，問我：「已經過了吃飯時間囉！妳想吃什麼？我去買！」沒有責難，這是他的理解。每天早上當我在廚房忙時，他下樓來的第一件事就是先煮開水泡茶，然後把熱茶端到廚房檯面上，提醒我要記得喝茶，這是他的體貼！

日常裡的許多事看似平凡，微不足道，其中卻充滿濃厚情意，過去，我似乎接受得理所當然，但是，當真正意識到他和我都已不再年輕時，以往常掛在嘴上的「一輩子」的盡頭有可能隨時會來到面前，忽然心中感受到一股急迫感，我們這麼相處的時間還能有多少？二十年？十年？若是更快呢？我該怎麼辦？提醒自己，千萬別錯過了什麼，應該好好珍惜，照顧他的身體和心靈，等到生命安排我們必須分開的那一天，我才能安心，沒有遺憾！

回想年輕時，他常逞著身強體壯，勤勞、盡責的個性讓他在十分艱困中依然咬緊牙關地工作著，長久地過於勞累，付出的代價就是老來的各種病痛，近年來，他明顯蒼老許多，看在眼裡，心裡實在不捨。

赤牛仔年輕時就屬肥胖，邁入中年時痛風發作，後來又合併高血壓，那當時忙於生計，未及深思，於今我們知道再不能忽視他的健康狀況了，除了每天早晚監測血壓，實行減鹽飲食，鼓勵並陪伴他騎自行車或走路的運動，改掉他每次大量喝水的壞習慣。現在，每天早上當我開始進廚房備料時，他就騎著腳踏車出門，等他回來，一人一杯現打的果菜汁是最新鮮的早餐；傍晚，我陪他快走四十分鐘，回家再吃一點簡單的晚餐，我發現不只他變得更精神，我也受益了，不僅體重回升，肩頸不再痠疼麻痺，睡眠品質也改善許多，而且，相偕相伴一邊走路、一邊談心，彼此心情愉快！

我總是跟他說：「我們兩個一定都要好好實行運動計畫，要愛惜身體，保持健康，無論多麼好玩的事，一定也要兩個人一起玩才有趣，我們一定要相互陪伴，一起變老！」

何其有幸，今生，我們不僅是相偕相伴的夫妻，我們也是彼此的知己，一定要互相陪伴，一起老去……。

# 第五章

# 與老年相視而笑

# 拍照與手繪植物

基於需要，我開始拿相機拍照了。

長久以來，我喜歡在山間林道上漫走觀察。一開始，單純地只想走路，一邊走、一邊看山看樹看雲彩靄靄，有時迎著風，有時也沐著雨，不管朝或暮。但是，走著走著，開始會想知道這路最終通往哪裡？這山到底有多高？更深的山裡又是個什麼世界？山上這片長得高大偉峻的是些什麼樹？路邊上開得正美盛的又是什麼花草？為什麼有些樹長得如此相像？它們之間又要怎麼分辨？而眼前隨風慢慢飄移的是卷雲？還是卷積雲？剛從眼前低飛而過的是什麼鳥？聽！那一聲聲急促的啼囀又是誰？

後來學著翻看地圖，學著看植物圖鑑，知道因海拔高度與環境不同會出現不同物種，知道每種生物都有屬於自己的獨特長相，必須先學會物種辨識技巧，慢慢地，看過的樣本累積多了，才能夠明確而快速地辨別出來。一直含糊地以野草來統稱路邊所有的花草，有一天，這片野花雜草竟忽然變得清楚起來了，瞧！那裏面長得最高的是五節芒和山黃麻小苗；迤邐一片，開著紫花的叫紫花藿香薊，間雜在其中有幾株昭和草和野莧，最靠擋土牆邊還有一簇薄葉懸鉤子；而貼地生長的還有車前草、牛筋草、兩耳草、酢醬草和沿著水泥路裂隙長出來的天胡荽和小葉冷水麻，當然，其中還是有好些是我還不認識的花草，不過沒有關係，等我拍了照回去就可以找答案了。

說到拍照，總禁不住要讚嘆現代科技的進步。我只要對著感到興趣的植物或動物拍了照，回家後馬上利用電腦操作就可以清楚看見這美麗生物的各個部位，甚至比對圖鑑，方便尋找答案，若是依然找不到答案，還可以將照片上傳網路社團，向高人請教。

在拿相機之前的十餘年間，我只能隨身攜帶各種圖鑑書冊，一路觀察，隨時翻書，中獎的機率盡管非常渺茫，但是我只是基於好奇心，亂箭射出，若有中的都算驚喜，因此無論收穫有無，總是十分開心。況且我上山的真正目的是走路散心，是享受身在山野林地中的放鬆自在，想要多多認識看見的花草鳥獸覺得也是件好玩的事。（是因是果，後來更常是為了想拍照或繪圖而走路。）

沒想到這個突然生起的興致像一把鑰匙，竟然幫自己打開了通往另一個神奇而繽紛世界的門，在這裡，我學習著傾聽，傾聽大自然，也傾聽自己內在的聲音；學習著專注，專注於每個當下，無論我正觀察、行走或靜止。在這裡，我聽見過去從未聽見的聲音，看見過去從未看見的事物，它們其實一直都在，只是過去我還無此心。在這裡，我學習著面對內心的恐懼，接受事實並允許自己有些時候可以怯懦。

從觀察自然環境中的變化裡，無意中竟也觀察到自己內在也正微妙地改變，我知道這是大自然的薰陶洗禮與照拂，於是，回到山裡的渴望遂化成頻頻催促，再不能忽視。

十幾年的獨自摸索和到處求教，讓我起碼認識了一些常見的動植物，但對於野外龐大的陌生生物族群，我還須要透過更多、更完善的方法來認識它（牠）們，後來，我發現使用相機可以彌補我日益減退的記憶和體力，若是有了相機，我無需在背包裡放進一堆厚重的圖鑑，我可以先拍照，回家後再進行比對，至於拍照技術，我相信只要開始使用相機了，就會有進步的機會。

拿到相機後，異想天開的我第一個想拍的竟然是鳥類（井底蛙不知人家拍鳥都高舉大砲），因為在還沒有相機之前，我先拿在手上的是望遠鏡，從望遠鏡裡看見的鳥兒實在叫人心動，天啊！我從不知一隻尋常的白頭翁在望遠鏡裡的陽光下，竟有絲緞般發亮的羽色，牠渾然不曾察覺到有人安靜佇立在數丈外，早已為牠的美麗深深陶醉，仍然在枝頭上活潑地跳躍，啁啾不已。

然而，大部分的鳥兒生性都謹慎害羞，不是習慣在灌叢中棲息活動，就是躲在大樹冠層的枝葉之間，即使最常見的珠頸斑鳩、紅嘴黑鵯、大捲尾……等等，也都停棲在高高的電線上，雖然女兒已經幫我多買了一個長鏡頭，但是僅憑我這台簡單的類單眼，加上自己對相機操作還生疏，想清楚地拍下牠們的照片實在是做不到，只能徒呼奈何。

知難而退，退而求其次，我遂將拍攝的專注力放在其他較容易上手的生物身上。於是，我開始在經常散步的山道上尋找試拍對象，一開始非常隨緣，遇到誰就拍誰，給拍就拍，不給拍就算了。只要感到好奇，所有植物及動物都是拍攝對象，一段時間後，發現在草葉花朵間其實躲藏著許許多多無論體型或色彩都極度精彩的昆蟲族群，甚至動物的排遺和殘骸也會讓我興奮莫名，到最後更發現有一種生物最好拍，除了體型夠大好對焦之外，牠不會像鳥兒和蝴蝶一樣，當我還在尋找拍攝角度時，翅膀拍一拍就飛走了，牠不會像石龍子一樣，一閃神就鑽進石隙裡，這種生物的所有活動範圍離不開牠自己織的那張網。

是的！牠正是蜘蛛，是人面蜘蛛。

人面蜘蛛是台灣最大的蜘蛛，雌性體長三十至五十公釐，而雄性卻只有七至十公釐，牠們結網的高度大約是離地一百至二百公分之間，常分布在中低海拔山地，我位於鹿谷的園子裡到處可見層層疊疊壯觀的巨型蜘蛛網，我笑稱這些蜘蛛真是時尚，牠們居住的是超級現代化的集合式空中華廈，一個巨大而立體的蛛網同時居住了十幾隻至數十幾隻的蜘蛛，其中成員包括：成熟的蜘蛛、各個不同齡期的若蛛，及牠們的房客赤腹寄居姬蛛，以上所有的這些蜘蛛全都安靜地待在自己的地方等待獵物觸網，好享受一餐美食，即使活動總也離不開這個蛛網，這對我來說是莫大的便利，就在一個網前，我就可盡興地拍個過癮了。

在大量拍攝蜘蛛期間，於一個陽光和煦的早晨，當我正在茂盛的糯米糰草葉間尋找昆蟲時，或許受到我路過的驚動，或許不是，當場看到一隻蚱蜢從地面上高高躍起，卻不小心落入還在等待早餐的蜘蛛網上時，當下，我的緊張程度絕不亞於那隻極度欲求生存，但知大勢已去的絕望蚱蜢，我一邊快速調整焦距，一邊擔心錯過任何情節。看過《魔戒》第三集王者再現的人，一定對佛羅多被蜘蛛精屍羅用蛛絲快速翻滾包裹的情節印象深刻。我看到從網的另一端奔過來的一隻銀腹蜘蛛，用極快速的動作將這隻倒楣的蚱蜢翻轉包裹起來，然後用條絲線將這個精心傑作帶到網的一邊懸掛著。

後來知道蜘蛛是典型進行體外消化的動物，因為他們的體腔和口器小，消化系統狹窄以致無法痛快地大塊朵頤，所以必須先將食物注入消化酵素，使之進行液化或變成泥狀之後才能進食。所以

人面蜘蛛。

1 三角蟹蛛等在花心抓住了一隻弄蝶。
2 吸食花蜜中的粉蝶燈蛾（雄）。

我目睹的蜘蛛獵捕全程，當時的蚱蜢其實在蜘蛛接近的瞬間已經被牠螯肢基部的尖齒注入毒液，再吐絲將已經麻痺的牠包裹起來，之所以沒有立即享用早餐，是因為必須等待食物充分液化，正如我稍晚的早餐也必須經過烹調一樣。

目前，我對相機的操作還是遠不及年輕孩子靈活，但也聊以自娛了，常一個上午的漫走就能拍到數百張照片，刪除不佳者，整理之後數量依然龐大，鑑別種類、建立檔案常是我深夜的消遣娛樂，雖然「未知生物」仍然占大多數，但對我來說分類並不重要，重點是整個探查、拍攝、比對及欣賞這些生物的美，這整個過程能夠激起我對生命更深的熱情和對自然環境高度的關心。

還有，相機的另一個功能是做紀錄。過去，我的手作總是因為一時性起，無論從事的是勞力活動、舊衣改造或邊餘食材的利用，往往事過境遷了才感嘆當初應該拍照作紀錄，可那時原有的現場及物件早已遭大力打破而面目全非，再還不了本來面目了，美容前後沒有對比就沒有說服力，所以手上有部相機，能夠善盡利用總是件很好的事。

二〇一一年，我的第一本書《我生命中的花草樹木》出版前，好友阿寶建議並鼓勵我在書中附上植物繪圖，於是，用三個月的時間完成書中的五十種植物素描，從此筆繪觀察到的動植物也成了我另一個愛好及享受的樂趣。

後來上山或外出旅行時，我不只會記得要帶相機，也不忘記要帶著筆和畫冊，有機會就拍照，有時間停留就畫。畫植物時，也許直接在植物面前寫生，也許採集回家插在水瓶裡再畫。只要時間

多雨的季節蕈類生長旺盛。

和心情寬裕，我喜歡在自然環境裡畫植物，曾經，坐在菜園的草地上畫豨薟和菁芳草，不時地必須把臉貼到地面上看植物的分枝處構造及蔓莖走向，聞著土地因陽光照耀散發的清甜香氣，有時，溫柔的微風及和煦的陽光讓我鬆了全身百骸，抱著身邊的小狗就地小憩片刻都可以是繪畫裡的一部分。

曾經，我站在樹下畫著旋攀上樹的青棉花或附生在樹幹上的台灣水龍骨，讓透過樹冠灑下的光斑同時落在我和植物身上，或者在畫的當時，正好一隻折角蛾停棲在葉片上，當想更靠近地看牠時，旋即，牠又飛走了。有一次，我席地坐在二樓房間的地板上，透過一排玻璃窗畫窗前水同木分枝處的一叢巨大山蘇花和垂掛的柚葉藤，以及柚葉藤上鮮紅的果實，在畫的時候，也許藪鳥來了又飛走了，也許看見熊蜂一直在附近徘迴；當我正為這片冬日林子裡的光影移動發出讚嘆時，突然湧起滿山雲霧，瞬間聽見屋頂上雨點滴落的聲音，而窗外大樹上的這些生物，在濃霧中毫不受影響，靜靜地等待濃霧退去，陽光再現，而我，卻心顫不已。

我畫動物的功力還沒練成，可能還得修練個幾世。動物不若植物安靜，畫再久它都不會不耐煩，任你想怎麼畫就怎麼畫，看過別人的動物速寫，無論神態，無論動作，傳神而精采，我羨慕得不得了，可是，光是羨慕別人實在是太不長進了，我想，起碼也要給自己一些機會，沒有速寫功夫，那……我拍了照片後再畫總可以吧？若是照片裡因光線或角度讓動物的特徵不夠清楚，還可以找圖鑑裡的圖片補充一下，我突然覺得自己好聰明，懂得在困境中勇於突破，雖然說穿了有點偷吃

桃花心木樹幹上的青棉花。

山蘇花（鹿角竹花）

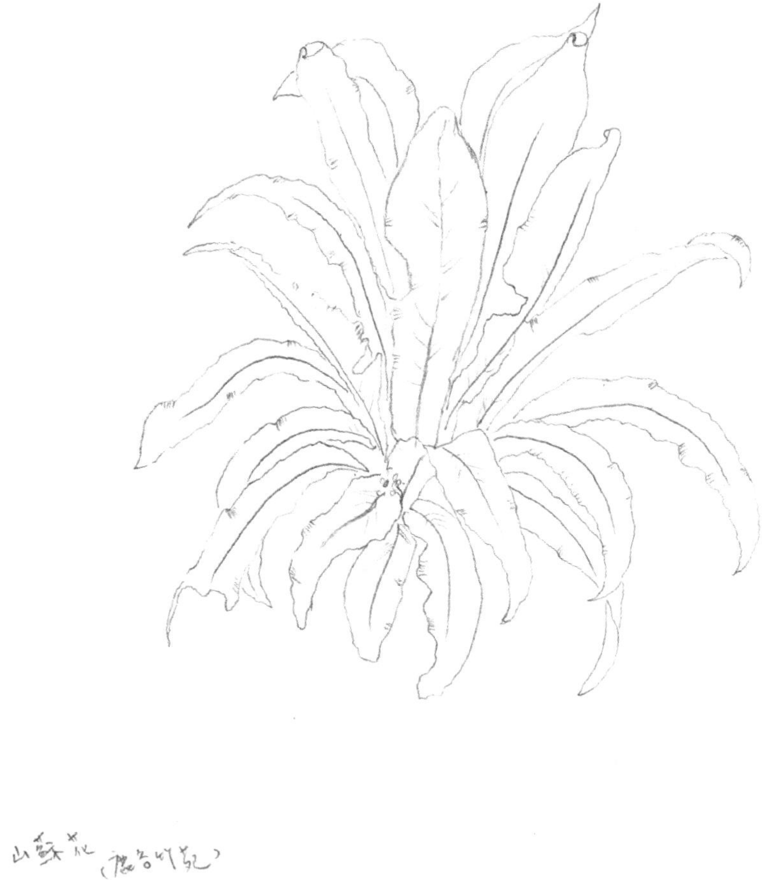

山蘇花。

七葉一支花因在多雨的六月間
果實成熟，果實的重量
和雨水讓它彎了下腰來
有禮的向路人行鞠躬禮。
七葉一支花
（鹿谷）

七葉一枝花。

福杉。

福衫的果實與果鱗。

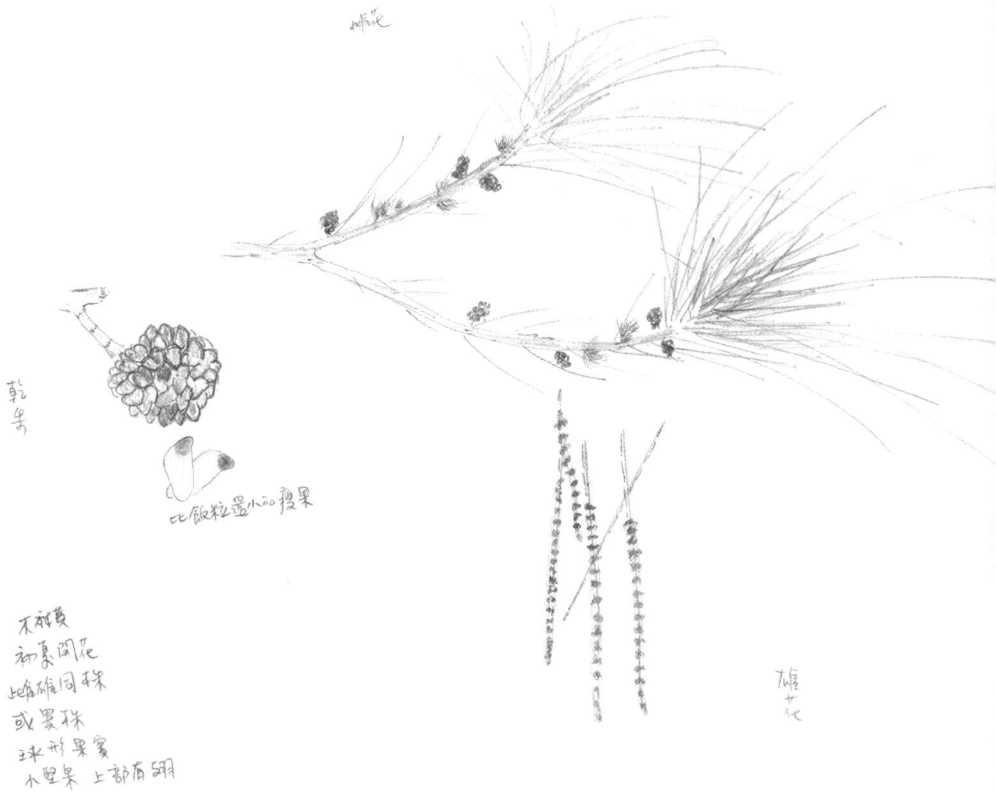


木麻黃。

鳥兒們。

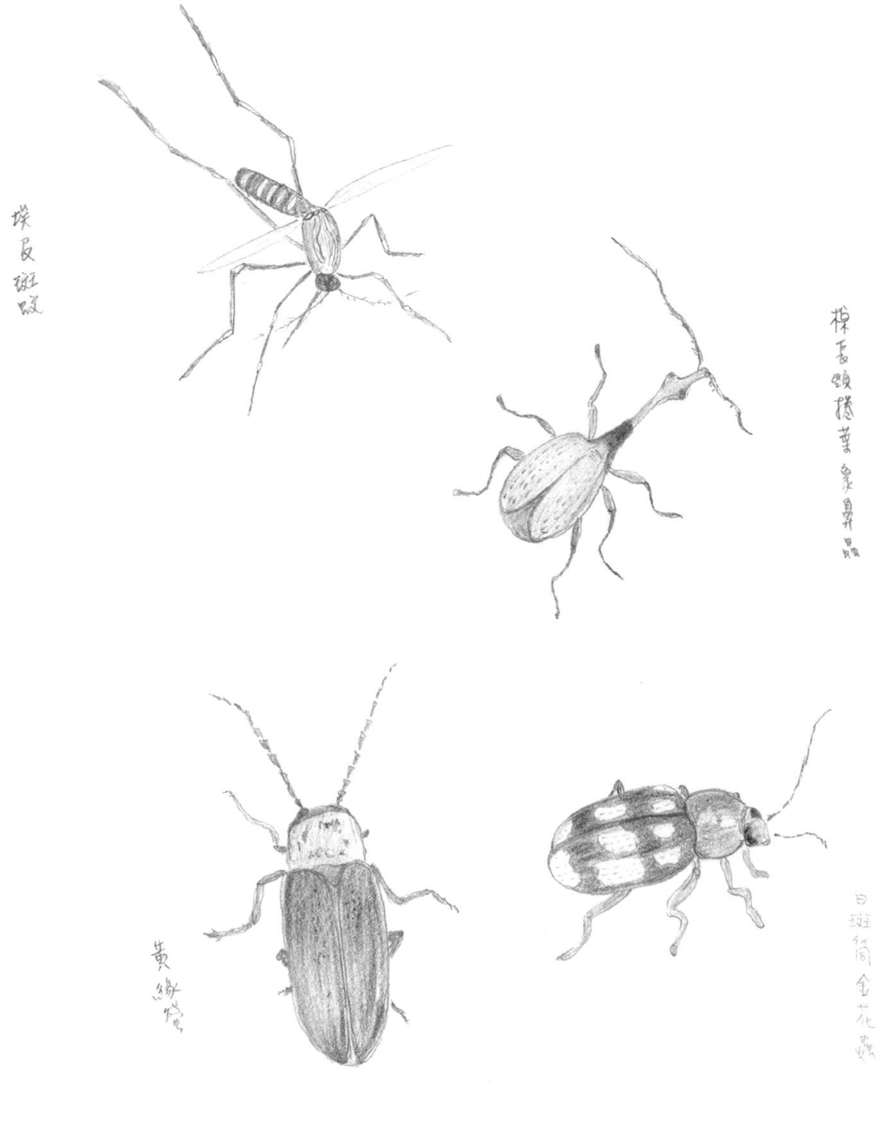
埃及斑蚊
棒長頸捲葉象鼻蟲
黃緣螢
白斑筒金花蟲

昆蟲。

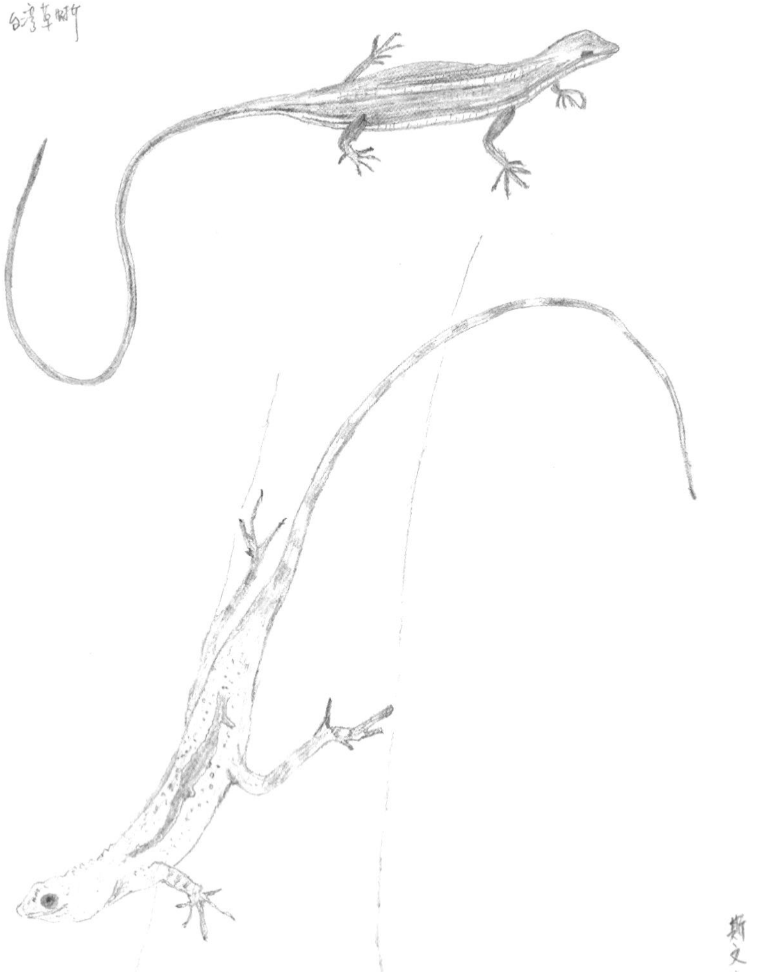


台灣草蜥與斯文豪氏攀蜥。

步的嫌疑，但是為了療癒自己，卻也不失是個好辦法。不管怎樣，我就這樣自己娛樂自己，只要沒有侵犯到別人權益，動物們應該是不會提出抗議的。

而且，不管動物或植物，在繪畫之前必須有更細微的觀察，才能在下筆時清楚地表現完整的樣貌和特徵。畫第一本書的植物圖時，其實好心虛，害怕畫得不好會被打槍，所以在把圖稿交給出版社之前，先請學植物的建動看過，建動也針對錯誤處提出更正。日後，凡所有我想知道的植物常識都幸賴有建動的幫忙及引導，也多虧建動一路鼓勵和協助，讓我不僅不至於因為多方面能力不足的障礙造成挫敗，反而能樂在其中。

想在學習的這條路上長遠地走，又要走得樂趣無窮的話，最大而絕對要必備的條件是自己的學習熱情，因為渴求知識就會千方百計地尋求協助。我覺得自己有一種死纏爛打的厚臉皮功力，只要讓我掃描到誰身上懷有我感興趣的絕技，良師難求，絕不會輕易放過。而包括建動、阿寶在內的這些可敬復可愛我的老師們，本來就具備對土地環境的關懷情操，也持續以自己的專業推廣環境倫理，為維護自然生態而努力，我自以為是地想，他們一定也樂意教導我這個空有一腔熱情、既缺乏學識、又上了年紀的門外學徒，敬愛的老師們，您說是也不是？

# 施雜貨的誕生——和孩子們一起創造更多的可能性

# 開店緣起

二〇一四年十月，「守護宜蘭工作坊」在宜蘭發起「守護宜蘭心價值，搶救農田地景」連署行動暨師大會，我帶著合樸農學市集的旗幟到場，與從各地趕來的其他二十多個團體一起響應，活動結束後，搭著好友蘇至弘的車要離開，經過小間書菜時，我心有所感說地說：「我也好想開一家像這樣的店喔！」正在開車的至弘隨即回答：「可以啊！妳絕對可以的！」當時正思考著想從修車業中退下來，好讓辛苦了半生的赤牛仔有較完整的時間創作，這個突然的浪漫心念一閃，隨即脫口而出還真嚇了自己一跳，隨即回到現實面：「可是，我不正盤算著要擺脫顧店的生活嗎？這下還是會被綁在店裡呀！」可是小間書菜的經營方式實在太有趣了，昨晚和宜蘭的一群朋友在隔壁的貓小姐食堂吃飯時，還特地在小間書菜店裡瀏覽了好一會兒，找到幾本好書，因此知道這家店有著特別的交易方式，可以帶著舊書來店裡「以物易物」，換取友善耕作的米或蔬菜，這樣的店實在太吸引人了，對一直還在到處探索的我來說，實在難以抗拒得了，「如果……我一星期只開店兩到三天可以嗎？」我不太確定地問，至弘馬上笑著並加重語氣說：「當然可以！妳還可以採預約制，先預約了，妳再開店都可以的。」

「有這麼好的事？」我開心地想確定至弘沒有在開玩笑。

「真的啊！騙妳做什麼？」為證明自己是認真的，至弘正色地說：「妳就在台中，可以去看看『一本書店』的經營，妳可以的啦！」

至弘在同年底圓滿地成立了「友善書業供給合作社」，為了解決當時各個獨立書店經營的困境，希望透過獨立書店的集結可以改變現況，當時的他正奔波在各地的獨立書店之間，而宜蘭的小間書菜和台中的一本書店也都是合作社的成員。

我當時把至弘鼓勵的話聽進去了，回家後跟赤牛仔提起這件事，我們都心動著並開始熱烈地討論。從二〇一一年開始，赤牛仔和我就參加了合樸農學市集，帶著我們各自的作品到市集擺攤，尤其是赤牛仔的廢材創作吸引了許多人的注意，甚至詢問能否到他的工作室來參觀。當時家裡還在修理汽車，場地雜亂，哪裡有什麼所謂的工作室，那樣的情況實在不適合展示作品，也太委屈赤牛仔，因此我一直設想著能否結束修車工作，尋找新的生活，讓我們兩人都可以安心地創作，後來至弘的建議和鼓勵讓我真正下定決心結束修車生涯，也打算將原來的空間稍作整理，用來展示赤牛仔的作品並幫他成立工作室。

那陣子，赤牛仔和我一天到晚都在聊開店的話題，一次在晚餐桌上，最後話題又落在開店的這件事上，總在一旁傾聽的芫忽然說這件事她也很感興趣並且拉著博堯一起討論，最後，意想不到要開的這家店竟然超乎我的想像，光是赤牛仔的作品就包含桌椅櫥櫃、燈具家飾、層架爐灶、童玩及各種竹製品；而芫早在國中時期就學烘焙，還小小年紀就拿到中餐丙級證照；博堯雖然是油畫畫家，一直專心自己的創作，但他的手沖咖啡在朋友圈早已小有口碑；至於我，身體還算健康，腦袋還有點靈光，喜歡亂出怪主意，只要是好玩的我都愛，更喜歡挑戰困難，雖然年紀有些老大，身上的一把力氣還算不小，一直以來都喜歡幹些粗重活，所以日後開店需要苦力，這種事都可以指派給我。

家裡還有個重量級的人物，就是阿嬤，老人家年輕時自學裁縫，家中老老小小衣櫃裡都有她做的衣服，尤其赤牛仔常一身上下、從裡到外穿在身上的都是媽媽做的，赤牛仔常說：「這輩子最幸福的事，就是從小到老都有媽媽做的衣服可以穿。」今年，老人家八十七歲了還耳聰目明，每天，除了禮佛的定課之外，幾乎都坐在縫紉機

阿嬤用舊衣改造的樸實衣。

前車縫或裁剪衣衫，聽說孫女要在家裡開店，她就一件件做起可愛的童衣讓孫女賣，孫女則用她的名字——「施鄭素月」作為衣服的品牌，所以，如果您有機會來到我們店裡就會看到阿嬤做的可愛童衣，尤其她舊衣改造的樸實衣，輕易地就能從其中看見阿嬤勤勞的生活態度。

「施雜貨」集合了全家人的手作，從吃飯穿衣、甜點飲料到釀造和家具，還增加了各家小農或手作人的日常好物，品項繁多，內容豐富，叫「雜貨」實不為過。

事後發現開店這件事幸好有芫和博堯加入，年輕人有新思維，他們整合了全家人的手作並訂下營運宗旨、擬定活動計畫逐一實行，讓這家店未來充滿了更多的可能性。如果當初只有赤牛仔和我經營很有可能變成是兩個老人的一場無聊遊戲，最後無疾而終，感謝上天，沒有讓這樣的事情發生。

## 建造未來

因為決定家人一起開店，熱烈而充分的討論一直持續在進行，第一個要自問：我們開店的優勢在哪裡？必須克服的困難又有哪些？我們想開的是一家什麼樣的店？該怎麼建造這家店？會需要多少資金？需要多少人力才足夠？又該怎麼分配工作？除了家人的手作品，還希望增加那些農友的產品？

無需負擔房租是第一個優勢，開店後首先要面對的是收支能否平衡，我們有四個人一起工作，這四個人裡有三個是不支薪的員工，只要能讓辭掉工作回來創業的芫有一份薪水收入也就夠了。

至於店面及必要陳設，在我們家，赤牛仔和我已經習慣自己動手作，手上也還積存著大量老家拆下的舊木料，這次帶著孩子一起作，機不可失，我提出僅能利用手上現有舊材來裝潢店面的想法也獲得其他家人贊同。包括收納用的櫥櫃、客人用餐的桌椅、吧檯等等，並利用山上的竹材成為店裡可使用的器具，不僅充分利用了跟我們生活有關的舊物與自然資材，更讓這兩個孩子有自己動手作的機會。

如此一來，施雜貨的理念就非常清楚了：廢材與自然資材的利用以及自己動手製作需要的器物。而且，我們已經選定一些小農，籌備期間也開始積極拜訪，希望將他們友善土地生產的食材應用到我們的餐桌上，透過博堯上餐時的解說，拉進生產和消費兩端的距離，為台灣農業盡一點心力。在這方面也許我們力量微薄，但這是我們該做的事。

關於資金方面，在大學教書的梅慷慨贊助了二十萬，芫說這珍貴的二十萬必須用在刀口上，只能用來購買我們自己製作不出來的物品，精打細算後，買了咖啡機、磨豆機、冷藏櫃和出餐的碗盤杯子等器材用品，餘下來的還讓芫可以有一點錢在手上應付小額開銷。

當然，身為父母，欣然看到孩子難得認真想做好一件事，赤牛仔和我願意盡全力以行動支持，更贊助了店裡的水電配置工程款和一台冷氣，總金額還不到二十萬。因為資金有限，不足之處甚多，全要靠經營者苦心地尋找出替代方案解決，比如建造吧檯，我們都知道進入一家店，最引人注目的就是一座具特色的吧檯，常聽人說一座吧檯動輒要花十數萬，甚或數十萬元，我們能想到的還是自己打造。因為清楚自己的爸爸行事風格與一般人不同，為免於事後出現太大落差，芫先用電腦畫了店裡 3D 立體的平面設計圖，附上詳細標示大小尺寸，更面對面說明清楚，雖然免不了還是出現誤差，這時候她已經學會用理解來包容了。

而這個吧檯除了作為主結構的鐵材、清洗杯盤的水槽以及製作活動承板的軌道，和放在承板上用來收納的整理箱要花錢購買之外，吧檯外觀以各種老木條或舊木片拼成，古樸而典雅；內部檯面用相當厚實的老舊門片裁製而成，其中挖空嵌入水槽就大功告成。這座吧檯全部花費金額四千元左右。

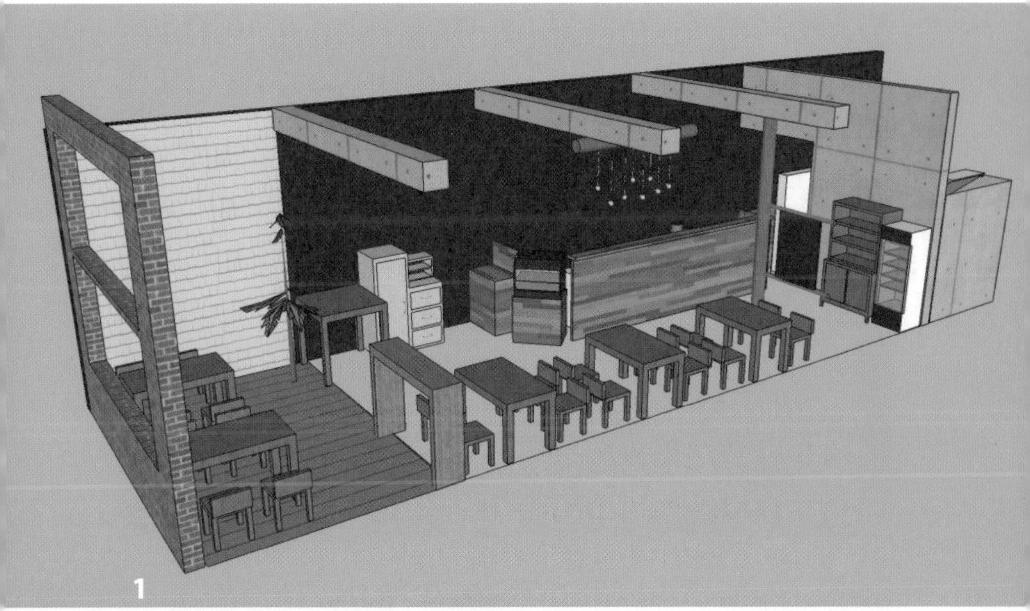

1 芫最初設計的店內空間配置3D立體圖。

2 圖中清楚的標明了吧檯內部配置的尺寸規格。

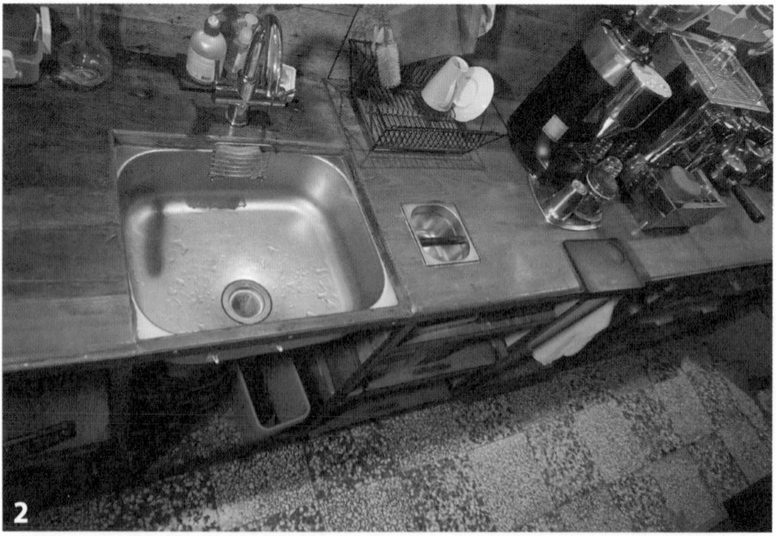

1 因為我們的木工技巧難以做到完全防蟑，將收納箱放在加了軌道的活動拉板上，是我們克服蟑螂困擾的作法，事後證明成效極佳。

2 水槽及咖啡渣收集槽全崁入作為檯面的厚門片中，活動承板不僅方便收納，推回原位後也不會影響工作動線。

以老家拆下舊料打造的吧檯，外觀素樸拙趣。

至於人力分配這個部分很好解決，我們總共不過就四個人，一人當多人使用勢在必行，依照每人可行的時間和能力，無須商量，似乎都主動各自卡位了。每天，赤牛仔起床後先出門運動，一定八點前就會回來打掃、倒垃圾，負責接待門口突然出現的好奇的人、也負責客人的停車問題，出餐期要幫忙上菜、上飲料和收拾整理，平時，所有水電燈具歸他管，缺瓦斯、飲用水濾心的定期更換都無須他人操心，有時，還要幫我跑腿到屋頂菜園剪蔥摘花，跑農會、郵局換錢或寄信，只要有他在家，其他的家人都可以很安心。

博堯早上留在家裡作畫，中午出餐前回店裡，一進店裡就先到廚房試菜及了解食材和烹調方式，知味之後才能在上菜時說明食材，不僅介紹了農夫及產地，也讓吃飯的人知道這些食物背後的來龍去脈，我們都相信經過介紹之後，吃起來會有更多的滋味，包括一份滿滿的感動在心裡！送餐的同時，博堯還必須負責出飲料，也時常須靜下心來手沖咖啡，吧檯裡和外場同時都要兼顧。

芫每天早上八點回到店裡，先烤當天要用的餐包和蛋糕，接著打掃廁所、整理吧檯及桌上要布置的鮮花，拂去桌椅檯櫃上灰塵，擺上當天用餐客人的餐具，出餐期，人在廚房幫我出菜，還要留意吧檯是否需要支援，不僅如此，她還必須負責客人餐後的甜點！除此之外，她要接訂位電話、訂貨取貨、店裡各項商品的貼標及包裝、籌劃活動，寫臉書貼文和照顧臉書粉絲頁……等等，從清潔工、設計師到甜品烘焙師，算下來該是身兼十數職了吧？

至於我，簡單多了，我只要做做菜、洗洗碗盤、煮煮糖、切切水果，做些平時家庭主婦都在做的事就好，偶而喜歡縫件衣裳，做罈酸菜或豆腐乳，有空時野地裡走走，持續採集和手作，拍照和手繪圖及照顧動物們，又因為和孩子們一起工作生活，充分享受被照顧的溫暖，心安而自在！

## 主辦市集活動

開店第一年（二〇一五）的十月底，依照博堯當初的提議和計畫，我們舉辦了第一次的小小市集。因為開店不過才三個月，鄰居們其實都還不清楚我們到底在幹什麼，我實在無法預想市集當天會是什麼樣的情況，參加過市集的人都知道，生鮮蔬果採摘了、熟食準備好了，市集只有幾個小時，如果賣不掉又該怎麼處理？自己吃掉？還是送人？這些可都是心血、都是成本呀！想到這裡我就開始擔憂，內心忐忑極了。除了臉書上宣傳，我要求芫印了傳單，每天打烊後到附近幾個社區挨家挨户投信箱，路邊夾汽車雨刷，希望讓這個活動訊息讓更多的人知道，能夠引來人潮。

第一次辦活動，我們非常膽小，生怕打擾到左右鄰居，只能將攤位放在自家門口和院子裡，甚至有三攤是擺在店裡面，舉辦市集通常要盡可能地喧鬧招搖，我們辦的看起來十分低調，所以當天邀來的都是冒著賣不掉的危險，願意情義相挺的農友，總共八攤，有蔬果、果醬、五穀雜糧、米食、豆腐、茶和植物染。

當天是周六，雖然微風輕柔，陽光美好，在早晨時看著比平時還冷清的巷道，我內心不禁祈禱著：上天啊！請給我勇氣和力量，再請給我一群可愛的人們吧！上天果然聽到了我的祈求，一整天裡，店裡店外都是人們的笑語聲，估計來逛市集的應超過兩百人，多位農友過中午就完售，其餘的

2015年第一次低調的市集。

（包括施雜貨）銷售也都很漂亮，這初次出手的農夫市集總算是圓滿順利，賓主盡歡。

第二年，我們已稍具信心，膽量也更壯大了一點，主動拜訪鄰居，商借他們門口擺放農友攤位，這一次攤位增加了一倍，我還利用手上的零碎舊布料，車縫了十幾條三角旗，又請來歌手自彈自唱，滿條巷道的人不是正在和農友交流，就是和自己的孩子在玩赤牛仔手作的古早童玩，這一次，我們做到了喧囂而且熱鬧非凡。

這兩次的市集經驗為日後接連上場的大型活動先暖身，也訓練了主辦人的能力和培養了信心。二〇一七年，因為博堯開畫展的因緣，位於草屯九九峰的毓繡美術館邀請荒野保護協會和施雜貨一起合辦市集，這一次因場地特別，美術館不僅提供了室內空間供專題講座之外，還另闢出一區讓手作課能順利進行，至於三十幾個市集攤位則以性質區分，擺在如茵草地上及蒼翠的樹林裡。

這次市集的所有設施裝置，包括三十頂帳篷的載運、利用自然資材建構的市集主視覺標誌、攤位指示牌及在草地區和樹林裡爬上爬下懸掛三角旗……等等工作全由我們一家四口完成，第一次展現超強工班的能力。

源於兩年來主辦市集的經驗，我們體會到一點，在市集裡不應該只是交易買賣、不應該只是吃吃喝喝，當市集結束，人群散了之後，卻留下滿地垃圾；人們從市集帶回家的不應只是農產、生活用品或美食，一個成功而優質的市集有責任傳遞人的消費與土地環境之間的關係，提供更多面向的思考，讓來市集的人回家之後還能有所感、有所思，還能感覺到有個什麼在心頭悄悄顫動萌

1
施雜貨 秋日小市集

2

1 2016年，施雜貨的秋日市集已展現自信。

2 現場不僅交易熱絡，也多了演唱的歌手。

3 幫忙顧攤的萱和梅，賣的是施雜貨的竹筒飯和月桃飯

1 布置場地（市集前一日超強四人工班的場地布置）。

2 2017年在九九峰舉辦的施雜貨市集，四十六條熱鬧的三角旗全出自阿默的手。

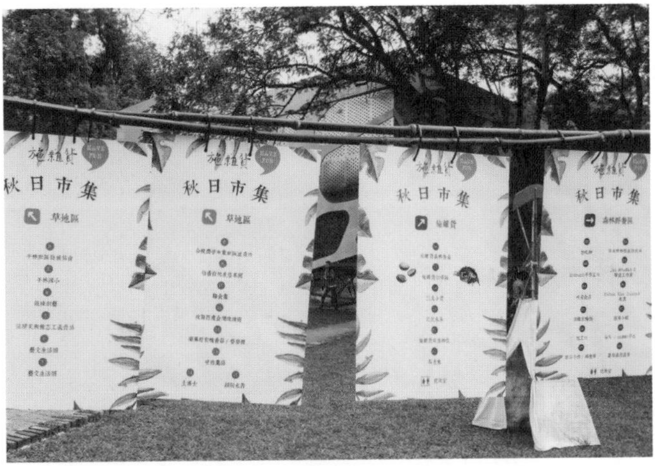

主視覺標誌的材質是選擇可重複使用的自然資材及紙板。

芽……。

若以市集交易金額及上千的人潮來看，無疑二〇一七年在毓繡美術館的這場市集是非常成功的。當天市集結束之後，荒野保護協會的朋友們和各農友聯手迅速幫忙拆卸近五十條三角旗和安置在各處的指標，全場退出之後，我們訝異地發現現場不曾留下任何垃圾，不禁令人讚嘆，讚嘆所有參與這場活動的人，個個具有好素質，包括農友和消費者。

這再次證明主辦者能引領著整場活動的走向，我們願意花許多時間和心力，以可重複使用的資材作為活動看板及攤位引導牌之外，還一再對農友提出在活動中避免一次性餐具的提醒，並鼓勵消費者自備容器來逛市集，總算有了回饋。

二〇一八年，施雜貨應邀在國立暨南大學再次辦了一場名為「一種生活樣貌——施雜貨與朋友們的聚會」的大型活動，包括森林餐桌、秋日市集、藝術展演和手作DIY。在這一場活動裡，施雜貨只單純分享我們喜愛的生活樣貌，因為我們的生活早已慢慢地被朋友們生產的作物或手作包圍，每當吃進肚子或是使用這些物品時，內心總是滿滿的感動。我們開店的初衷是為了尋找更好的生活方式，而現在更加堅定的是我們追求良好的生態循環，用友善的方式來照顧植物與動物，溫柔照顧著每一個物種，同時也照顧自己，這就是施雜貨的生活樣子。

生活其實有諸多樣貌可以選擇，辦活動有更多種方式可以呈現，消費時也有許多層面可以思考，我們想傳達的是對土地環境更多的關注，期望更多人願意發聲、更多人願意付諸行動，相信這個世界一定可以變得更好！

2018年的施雜貨秋日市集。

1 市集之一。（攝影／李奕琪）

2 市集之二——施雜貨的餐桌區。（攝影／李奕琪）

# 季休

前面說過我喜歡亂出主意，季休這件事在最初的討論時我就興匆匆地提出，結果可想而知，不太爭氣的這一家人竟全部舉雙手贊成，賺錢這件事對我們家人來講似乎沒有爬山、旅行和參訪來得重要，每次公告要季休時，總有許多朋友為我們擔心，誠心地為施雜貨的前途憂慮，好不容易做起來的生意，經過十天半個月的暫停營業後，怎麼可能不流失客人啦！

有時候，我也會為自己當初的提議猶疑，當別人無日無夜地拼搏且都還在抱怨時機歹歹，我們竟然還把賺錢的機會往門外推，有時到了即將季休的時候會想跟芫講，咱們別休那麼久吧！話到嘴邊我沒有說出口，那是因為我似乎也覺得自己需要那麼多天的時間才足夠去完成想做的事，正如芫說的：「如果我們一直拼命地工作只為賺錢的話，也許有一天錢賺到了，但人也乏了，那樣的生活就失去意義了。」

面對這件事，孩子比我篤定，清楚地知道得與失其實只在一念之間。好幾次有百貨公司邀約進駐或合辦活動，她總是婉拒，我也疑惑這不正是個被看見的好機會嗎？為什麼不接受？芫解釋說：「施雜貨剛起步，人力財力都有限，不宜分散擴張，我們只要專心努力地把店務經營好就足夠了，因為施雜貨表達傳遞的是我們一家人的生活，只有在這個場域才有意義。以後，我比較傾向小型活

旅行訪友也很重要。

動，小而安靜，想法的傳遞和相互交流都可以更確實。」

「而且，媽媽妳要覺悟到一點，施雜貨不會賺大錢的，但是會賺到我們喜歡而享受的生活。」孩子說的話是在告訴我，如果想賺更多的錢那就要及早另謀他途，如果是誠心地過真正有滋有味的日子的話，現在所做的一切就都對了！這是自知之明，也是內心澄澈清明，知道自己真正追求的是平凡簡單，是內心的安穩平靜。

如今想來，創業的艱辛過程未曾讓我們嚴重意見分歧，是因為我們都明白須有充分溝通，當溝通出現難以避免的障礙時，我們也都明白必須尊重主要經營者的決定，輔助者必須適度退讓。其實早在開店之初，在一次次的討論裡，我已經發現芫有非常好的統籌規劃能力，她天生的美感充分地表現在店內空間的安排、配置及後來的每一場活動中和我現有的手作商品設計上。在待人接物，可能她還需要更多的磨練，但店務的處理及繁雜的工作，她已經有足夠寬裕的心面對了。

施雜貨開店至今已邁入第五個年頭了，在這段期間，我們每個人都找到生活的依靠和寄託，找到持續運轉的步調，忙碌的時候也許身體會感到累，但心的狀態依然充滿熱情和歡欣。季休，不會是停止前進，而是沉潛、醞釀，是蓄勢待發，在未來新的階段裡，我們將會有新的作為。

# 森林裡的採集與料理

因為開店打亂了我原本的規劃，不僅無法依照原來的盼望留在山上生活，反而只能在店休日回去且來去匆匆。芫一直知道我的心思，在開店的一年後就主動提起回山上辦活動的想法，希望讓我有更多的時間可以留在山裏頭。二〇一七年六月，一場名為「美好的採集時光——和阿默一起走進野地」的活動於是開始。

每次回到山上，在每個醒來的清晨，我總是喜歡先安靜地在某個地方，也許是平台上、也許就在通往門口或小溪的小徑上靜靜佇立一會兒，讓全身的感官緩緩打開，通常第一個甦醒的是聽覺，然後嗅覺、視覺及皮膚感受才會一一跟上。早晨林間的各種聲音裡最熱烈的當然還是森林中的小精靈——各種鳥兒的啼鳴，或微風拂過林梢，簌簌漾漾，細碎而輕柔，有時，又會突然四下一片靜寂，這時我會習慣性地閉起眼睛，讓心專注，只要心專注了，耳朵就更清明，嗅覺和觸覺也將更靈敏，這時能夠聽見昆蟲在腳邊跳躍或鑽動的細微聲音，聽見枯葉飄落觸地及遠處溪水的幽咽，聞嗅到除了濃烈的檳榔花，還有一股悠悠不絕、香樟飄散出的氣息，和灌叢植物在陽光下逐漸散發的淡淡清香味，而身上打開的每個毛孔也靈敏地感受到微寒晨風的吹拂及陽光灑落身上的和煦溫暖。

採集與導覽。

因為長久以來在山上體會到這種種美妙的感受，我總覺得任何野地活動，人數不能多，惟有人數少才能安靜地融入身處的環境中，也因為人數少才能確實地傳遞想法或有更充分的相互交流。所以這個採集活動的設計最多僅能十二個人，期望來參與的每位朋友都能有深刻和森林交融的體悟。

因此，在活動的一開始，我常請每個人去找到一個喜歡的地方，去聽、去呼吸、去看、去感受這個山林迎接你的儀式，唯有我們先把心打開走向山，山才會走向我們！

這場活動其實就是赤牛仔和我長久以來在山上生活的放大版。我們一行人安靜地在小徑上漫走，一邊走、一邊解說這片山林的歷史背景及人們過去和現今在這片土地上的活動情形，也一邊觀察和尋找，觀察有趣的動、植物與土地，甚或和人之間相互依存的關係，尋找出現在小徑兩旁可食可用的植物，解說過往人們都怎麼將這些植物利用到生活中來。譬如月桃，它的花和葉不僅是許多種蝴蝶幼蟲的食物，人們對它的利用也很極致，在我的孩提時代，已經懂得利用捶破的月桃莖當繩索，用來綑綁撿來的柴火，懂得利用它的葉包裹食物，喜歡觀賞它一串串水靈剔透的花，現在知道許多人用它來做蜜餞和果醬，月桃的種子更是廣用的藥材，具提神醒腦的功效。也在當天的野菜料理裡，會有一道我事先漬了梅汁的月桃嫩芽小菜。

當天，我們或者鑽到芒叢中割取五節芒嫩莖，或者一群人蹲在路旁觀察糯米糰葉片上的細蝶幼蟲，一邊低聲討論、一邊採摘沒有昆蟲駐足的糯米糰嫩葉，稍晚，它和昭和草、魚眼草、野莧……等多種野菜一起川燙，又是一道滋味鮮美的野蔬。

除了採集野菜成為當天午餐的食材之外，先民最普遍的自然資材利用當然不容錯過，取竹材成為炊具時，讓每位參加的朋友自己使用工具製作是件有趣的事，聽到現場一陣嬉鬧聲，才知道手鋸竹子原來是好些人的生平第一遭。接著，洗淨竹子，填米，起火蒸煮，圍繞著火堆，又會迸出許多話題，這是火的魅力，自從人類懂得利用並控制火之後，在火堆旁的人們就會更心安而放鬆，而現今人口密集的都市裡，已經不容這樣的生活形式出現了。

另一個就地取材的是花藝課程，花藝老師只帶一把花剪來，先採幾種植物做樣品，一一講解這些植物的特性，再給採集原則，主要是：遵守採集倫理，尊重而謹慎。當一人只能取三樣花材時，要剪下植物的每個當下都要深思熟慮、考慮清楚。聰明的老師使用的花器就

森林裡的餐桌。

季夏的森林，柔細的棉紗帳除了防蚊，更多了幾分夢幻。

# 森林裡的花藝課

1 就地取材的花藝。
2 阿鴻老師講解著不同花材的特質。

是園子裡最多的竹材和山蘇，一段竹節就是盛水的容器，竹節裡塞進折了數折的山蘇葉就取代了固定花材的劍山，器材自然簡單，卻創造出一件件令人驚奇的花藝作品，再一次讓我想起阿寶的那句名言——「面對生活，要無所不能；面對大自然，要有所不為。」

近數十年來，因為生產製造和商業運作都極度活絡興盛，致使人們的生活形式也快速地在改變，人們離自然野地愈來愈遠，有多少人一面承受著都市生活的壓力，一面渴望尋找心靈的依靠，而親近山林就是一條路徑。我多麼希望以我自身的經驗，可以分享給曾經和我一樣想追尋內心平靜的人們，讓他們看見我曾經看過的美，感受到我曾經感受過的歡心和感動。

之後，二〇一八年八月，利用麻竹筍採收季節，施雜貨和 Beher 食物研究圖書館合辦了一場在竹林裡的發酵課程，除了品嘗我為他們準備的包括鮮筍和酸筍的全筍餐之外，我們從採筍、切筍、漬筍全程一起經歷。參加這場發酵課程的學員來自北中南各地，年齡跨越老中青幼四個年齡層，最遠的來自金門，年紀最小的還是個小學生。

八月其實是山林中最荒莽的季節，林子裡因多雨，潮濕而悶熱，低矮植物生長快速，對一般人來說這個活動有相當的難度。然而這些來參加的朋友們，他們確實喜歡而想透過自身參與了解筍的生長及加工製作過程，因此能夠不畏悶熱及蚊蚋騷擾地隨著我穿走竹林，看著赤牛仔如何將高達一百八十至兩百公分高的巨大竹筍砍倒，看著我如何一一剝去筍籜，從每個筍節上取下鮮嫩的，拋棄老化的，看筍如何落下葉籜成為參天修竹。

我一邊動手處理筍子、一邊解說他們提出的疑問，並述說自己童年時期跟隨父母在竹林中的活動情形，及其他相關筍乾、筍片的發酵製作過程，我這才發現，原來我的日常是這麼許多人難以企及的。

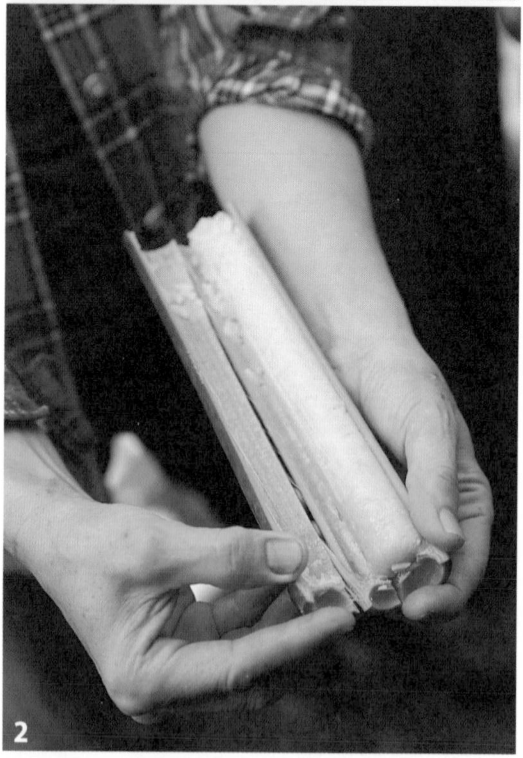

1 切筍。（攝影／陳威文）

2 以孟宗竹製作的小竹筒飯。（攝影／陳威文）

美麗的天幕。

正如芫說的，未來，我們將走入山林，讓更多有趣的事繼續在這片林子裡進行，我們可以就地取材做竹編*，可以搭棚造屋，無炊具野炊，製作生活用具及手縫衣，舉辦森林音樂會，或什麼都不做，只靜靜聆聽森林的聲音……等等。

昨天，我躺在小平台上小睡片刻，醒來時聽到也躺在一旁的芫指著平台上空說：「媽媽妳看！好美！好美！」以我們躺在平台上的仰角看，襯著藍天，附近幾株櫸榆漂亮的葉，在陽光下織成非常美麗的天幕，在微風中偶而飄落幾片黃葉，偶而篩落燦亮的陽光，一時看得我們眼迷心醉，讚嘆不已。

什麼都不需要做，就這麼靜靜躺著看光影移動、聽林間的各種聲音，感覺這就是天地間恆久的一種美好！

*註：二〇一九年八月，竹編課程由小啄木老師帶領，在鹿谷山上舉行。

# 後記

回想二〇一五年春，當和孩子們熱烈地討論並隨即投入店的空間大改造時，我其實常在一片混亂的現場離神，當時感受到的是一種彷若在夢裡的極大不真實感，卻又非常清楚自己心裡有一個熱切的期盼，我明白不真實感來自原本被打亂了的生活規律，而熱切期盼的是和孩子們即將一起創造更多可能性的未來，雖然這個未來也充滿了變數，前景模糊飄渺。但是我告訴自己，這正是一個重要的轉折點，和孩子們無論一起經歷了什麼都值得、都是重要的人生經驗。

五年的時間不算長，但已足以讓我們更了解彼此，不僅一起完成許多艱難的任務，也一起享受踏實生活的愉悅，而且每個人跟過去都有一些轉變，尤其明顯的是擔負最重要工作的芫，她不但脫去嫩稚青澀，而且多了果決堅毅，過去，她依賴父母家人，現在，她成了我們的依靠。

陪著孩子一起盡心地打理店務，藉以安頓生活之外，我也欣喜著可以在整個過程中看見他們被啓發並發揮的靈性和理性，而這一切全是我們從無到有、一起創造出來的。

家人
春
風調雨順
國泰民安
輕食傢俱
織品釀造
FABRIC+FURNITURE SHIH BRUNCH+FERMENT
施雜貨

我的父母都不是喜歡說教的人，父親尤其沉默，偶而，我和老弟有頑劣不馴的行為出現時，只要看見父親圓睜的雙眼，不須他說什麼，我們就知道該收斂了。其實，自懂事到十六歲外出工作前，真正在父母跟前也不過十餘年時間，但是，對我和弟妹們來說真正影響我們的不只是父親的不言而威，更多的是他霑體塗足、勤懇踏實的身教。

後來，隨著我離家北上幫傭，隔年老弟也負笈外地，高中畢業後進陸軍官校就讀，又隨著部隊在幾個駐地間遷徙不定；大妹國中畢業後跟著鄰居姊姊也去了彰化紡織廠工作，小妹則借住城市裡的親戚家半工半讀完成學業，許多年後我們才在台中團聚，得以結束長時間的手足分離。

但對家的依戀卻是恆長的，幼年時的那個山村，那個老是大光頭上都是汗滴的老弟，柔順羸弱的大妹，揹在背上總尿得我一身尿騷味的小妹妹，和當時即將邁入中年的我的父母親，依然是我生命中最鮮明、也是最溫暖的記憶之一。

後來，當我有了自己的家、有了自己的孩子後，因為自己曾經對親情的渴望，總希望孩子可以在年少時期充分地享受手足親情，而且看著這麼可愛的孩子，怎能不寵？又怎能不愛呢？我不僅是個會寵愛孩子的媽媽，甚至喜歡她們用說服、撒驕、甚至嘔氣等等手段，讓家人欣然妥協而達到目的，因為我覺得年少時能在父母面前任性一下是何其幸福的事啊！

但是，當決定家人要一起創業時，最要避免的卻是任性而為，而須要充分的理性溝通。為了避免意見不同時的紛爭和衝突，除了再三警惕自己，也順便提醒其他家人，日後若有事情發生時，希望每個人都需具有反省的能力並盡力理解對方，有了理解，才能釋懷，釋懷了才會願意包容和支持；開創事業，同心協力是成功的重要條件之一。這幾句話聽起來很老套，但真正理解貫徹了，一生將受用不盡。這般地對自己和所有家人曉以大義，真正目的也是提醒我那兩個向來驕縱的女兒，事有輕重，今後我們要一起共事，再不能像往常一樣地率性而行。

不過，開店籌備期間的和諧愉快，我倒是很清楚都只是短暫的蜜月期，在這時候，大家有共同目標可以努力，對所有正在進行的事都感到新鮮有趣，幾個孩子常擠在吧檯裡進行咖啡沖泡教學，無論是工程進行時或下工後的晚餐討論會上，有正在試菜的美食、有甜點咖啡、有柔和的音樂，家人相處比平時更熱烈，氣氛美好，其樂融融，讓人有一種錯覺，以為這樣的太平歲月會天長地久，直到地老天荒。記得年輕時讀過女作家吳崇蘭寫的短篇小說《斜角的故事》，書中每一篇文章描述的都是因為人的自以為是或誤解，讓一份美意變成委屈或埋怨，以致造成當事者的遺憾，作者以平實的文字敘述，卻深刻地描繪出人性最脆弱的一面。所以後來在家人之間的磨擦發生時，我非常理解每個人各有立場，只能再次提醒家人必須適時地展現理解和包容的能力。

因為赤牛仔和我都喜歡自由，兩個女兒也從小自主，長大後更注重個人作息，每人有各自的生活空間，彼此不會有干擾妨礙。但是開店以後，原來用以家人相聚的一樓客廳、廚房、餐廳和院子全部變成施雜貨的營業空間，芫不受影響，婚後的她已經跟博堯搬到自己的家住，但是對於還住在家裡的梅來說卻相當艱難，不僅壓縮到她原本生活的空間，也剝奪了她和家人相處的時間，甚至她替阿嬤也感到委屈，只要在營業時段，她跟阿嬤兩人幾乎只能留在自己的樓層，在開店早期廚房忙碌時，祖孫倆還曾自理過中餐。

芫是家裡唯一有餐飲經驗的人，開店之初，向來要求完美的她對經營的店有自己的想像且不容這個部分受到破壞，她不僅要求爸爸不能在營業時間裡進行會發出聲音及氣味的鐵工或木工工作，要求梅不能趿著拖鞋出現在店裡，甚至還曾嫌棄她身上的香水味*，要求我將個人用品撤出廚房。有一次，店裡滿座，出餐的壓力讓我慌了手腳，芫看在眼裡，攔下我並要我上樓休息，她說：「妳這麼慌張，做出來的菜也不會好吃！妳現在上樓去休息，這裡就交給我！」那一次被趕出廚房讓我好傷心！不過，在霸氣卻言之成理的女兒面前，我好像也只能摸摸鼻子認了！

只是，難為了梅，常有心無意地招惹來不大不小塞心的事，難以挑明說開，卻又在心裡鬧著不愉快。後來加上咖啡機的使用及事後清潔，勃谿時起：博堯和芫都有潔癖，對咖啡機的愛護清潔尤其盡心，本來梅和萱被允許店休日可以使用咖啡機，卻總是為了難以通過博堯高規格的清潔標準而頹然放棄，一開始梅可以理解博堯要求的合理性，相信他的出發點絕對是保護店裡的財產，然而，許多事的發生總是因為彼此感受有落差，到最後，梅和萱不僅不再進入吧檯，索性也將自己排除在

*註：為了不干擾店中客人用餐，包括烹調菜餚，尤其是茶及咖啡的香氣及味道，店家通常不使用香水。

施雜貨的群體之外。這種日常的細微感受積累到最後，竟積蘊成黑天暗地，高壓罷罩，這當時事事看在眼裡，我必須兩邊安撫化解，提醒再提醒，不要忘了嘗試著去理解和包容，但無濟於事，這種事絕對不是說說道理就能解決的，我知道在不久之後勢必會有一場驚人的狂風暴雨。

這場風暴的引爆點還是在吧檯裡面，在一次店休日的晚上，一位好友來訪，我請當時在家的萱幫忙沖泡茶招待，事後茶具洗淨放在滴水盤晾乾，第二天我們都忘了將茶具歸位，適逢那天博堯和芫提早回店裡來，我還開心地準備晚餐，希望家人可以一起好好吃個飯。開飯時，一直在吧檯裡收拾整理的博堯最後才入座，坐定後，用他慣常平淡而禮貌的語氣說：「我不是說吧檯的東西不能使用，只是用好之後要記得歸位……」話還沒講完，隨即我聽到坐在我旁邊的梅爆發怒氣地大聲嚷叫：「你這是衝著我嗎？你還要我怎麼退讓？都是為了你們要開店，我已經沒有家，沒有爸爸媽媽了！」說完，立即起身離開座位，卻被芫攔了下來。

「妳說清楚，是誰要開的店？」芫當時一臉鐵青地問。

「是妳！就是妳！」梅幾乎崩潰了地狂吼著。

芫轉向我：「媽媽請妳告訴她是誰要開的店。」

「是我！一開始是我想開店的，可是到最後不是我們大家開開心心地想一起創造出什麼來嗎？」在那個當下，我其實就明白芫把我推出來的用意，也明白梅追究的是那個讓她的生活發生改變的人，是妹妹的主意的話，她還能以對等的關係爭取該有的權益，聽我這麼一說，她即聲嘶力竭地大吼：「你們只自私的為自己著想，全然不顧我的感受——」，未待梅吼完，萱軟硬並施連推帶拉地將她帶離了現場，我卻聽見梅上樓時一路絕望的哭聲。那當時在場所有人全嚇傻在自己的座位上，現場一片沉寂，我一時也不知所措，放下手裡的碗筷，安靜地離開家，像往常一樣緩步的走向附近的公園，傍晚的公園燈還未亮起，感覺蒼茫而幽微。

在公園裡，我一圈又一圈地走，腦海裡不斷浮起梅哭訴的話語，我完全知道她的委屈，平時她在學校教書，假日在家的午餐卻總是讓她備感折騰，生怕時間拿捏不準下樓來會影響忙碌的工作人員進出以及造成我的壓力和麻煩，有段時間我狂瘦，她也把這帳算在芫和博堯身上；然而，博堯又何嘗有錯？他盡心盡力，無非是要維持客人用餐的好品質，我想，關鍵就在芫身上，一邊是姊姊，另一邊是丈夫，身為一家店的經營者，這時候她的態度將決定施雜貨的未來。

後來芫到公園找到我，她默默地擁抱著我，良久之後，她平靜地說：「我想讓妳安靜地走一走，所以才沒有追出來，現在我們回家吧！」穩穩的這幾句話像定心丸，我知道她胸有成竹，已經知道該怎麼做了。

當天晚上，我和梅有一番懇談。梅外表剛強，內心柔軟，和她對談必須先動之以情，再曉之以理，加上她夠愛這個妹妹，也期待這家店是妹妹可以放懷努力的舞台，因此，我正色地告訴梅：「妳感受到的委屈，我全然了解，我們只要誠心地訂出大家都能接受的規則，施雜貨照顧和成就的將是家裡的每一個人，尤其是爸爸的廢材創作，在施雜貨，這些作品更有機會被看見，而且，我必須告訴妳，我非常喜歡也很享受目前的工作和生活，它讓我看見自己還有許多可創造的未來。我們的店才開始起步，諸多繁雜事務需要芫專心思考規劃，而這些爭吵只會讓她感到挫敗，依她以前的個性，有可能因此就會撒手不管，現在，我們都看見了她正認真的想把一件事做好，盡全力幫她都來不及了，我不希望再有任何事端來打擊她！」

梅雖臉色凝重卻專心地聽，我繼續說：「至於博堯，妳忘了嗎？那一年博堯特地到市集來拜訪我們的攤位，我們兩人還跟他聊了許久，後來知道他是芫的男朋友，這初次的見面讓我們都留下了很深的印象，妳還告訴我，他是個值得信任的人。」梅笑了，對這個妹婿，她是不會看走眼的。

也在那天晚上，我收到博堯傳來的訊息說明他的立場和歉意，語氣委婉，態度誠懇，我把訊息傳給梅看，梅也承認自己的崩潰是長期壓力的宣洩並承諾此後遇事將往好處著想，也願意對博堯表示抱歉和友善，至此，這個一直讓我心頭隱隱作痛的疔瘡，終於順利擠出膿液且加以徹底清創，這施雜貨第一次的危機總算在所有家人的理解中安全落幕。

事後檢討，這次突發的事件，雖然讓孩子們在極大的壓力下爆發了所有不滿與委屈，卻也因此讓彼此有了重新看待整個事件的機會。另一方面，我也慶幸自己沒有為息事寧人而假裝沒事，爭吵不盡然是壞事，許多時候爭吵反而是翻轉的機會。而那個原本夾在中間兩頭為難的芫也做了一些調整改變，處理事情時不僅多了一些圓融，更讓家人感受到更多的溫暖。此後，家人之間的見解當然還是會有不同之時，處理事情的態度也一定有相異之處，不過，我已不再憂心，我相信我們都學會了以善意來對待彼此了。

十幾年前，我曾多次的和一群年輕孩子在野外一起活動，或在各大山頭、林道上遇到身負重裝的年輕人時總是萬分讚嘆，卻又忍不住暗自遺憾，遺憾我的孩子依然距離大自然遙遠。曾經，當合樸農學市集舉辦演講、參訪、自然建築課程或農耕活動時，我邀孩子一起參加，總得到梅和芫說：「你們去就好！」的答覆，當下我會感到有一些失落，但隨即我想到自己在她們這個年紀時不也還浮沉於城市的安逸中？這時，我學會自我安慰並暗中期許，希望有朝一日她們也會不畏烈日風雨，願意走進自然野地。

然而，出乎我預料的是，施雜貨的誕生竟輕易地改變了這一切！

因為店務營運的緣故，博堯和芫因此有機會接觸到農人和手作人，間接地引領他們走進農田或山野，並開始關心台灣的農業和自然環境，從此，他們的生命熱情被激發了！而緊隨出現的強烈好奇心則促使這兩個孩子積極地四處探索，上山下田在這時不再困難，籌備活動時扛提重物來去自如，這時的他們不僅不畏酷暑，風裡來，雨裡去，毫不猶疑，目前他們最喜歡的休閒是爬山、健行，順便欣賞及認識動植物。

最近，上工的每一天早晨，從芫進門的那一刻起，我必須一邊備料、一邊聽她絮絮叨叨的種籽小苗生長報告，這個小孩最近的愛好是收集我的食材種子栽種，荔枝、南瓜、西瓜、木瓜、紅櫻桃，甚至連水辣菜都不放過，她調皮卻志得意滿地說：「我現在有三十幾株相思小苗，也有迷你木瓜園，嗯～不知道有沒有人想要買木瓜苗，我快可以開種苗場了！」瞧瞧！是不是值得等待？以前我費盡心思都做不到的事，竟因為開店而輕易達成了！

除了兩個女兒，後來成為家人的萱和博堯更是值得一提。萱是個獨立自主、樂觀進取的孩子，在高中就讀時就來到家裡，在極度艱難中，她婉拒資助，寧願辛苦地奔波於家教與學校之間，努力賺取自己的學費和生活費，現今是知名大學十分優秀的碩士生，還未畢業已經有企業相中她的才能，這個孩子一直是我的驕傲！

而博堯在我這個丈母娘眼裡，不僅是個非常有才氣的藝術創作者，他的內斂誠懇更是我非常欣賞的特質，唯一讓我稍感掛心的是相處多年，博堯始終謙和安靜、客氣而有禮，我挑不出他任何缺點，卻總是覺得我們之間存在著難以跨越的距離感。我曾嘗試著用各種方式意圖改變卻難有進展，原以為我須更長久的等待才能得到這孩子的接受，料想不到因為開店讓我們成為同事，因為一起共事讓我們有更多機會相互觀察和了解，這四年多來，我們同時都有了一些轉變，我明顯地感覺到博堯原本一絲不苟的處事方式不僅多了許多寬容，整個人變得風趣幽默了！現在，當家人用餐喝茶的時間裡，已經是話題不斷，甚至爭相發表意見了。

其實，赤牛仔和我受這幾個孩子的影響很多，我們之間的關係不像是父母兒女，更像朋友，而且是知心朋友，我們喜歡彼此想法或作法的分享和信任，分享可以讓相互間獲得更多及更深的了解，充分的信任則讓彼此力量增強。當孩子問我：「媽媽妳有空嗎？我想跟妳聊聊。」時，我一定放下一切專心傾聽，並提出我的想法；若有事不願意說出來時，我也會忍著不問，讓他們保留給自己，我只要做到該有的關心和觀察就好，我相信孩子自有處理事情的方式和能力。

2019年秋，全家人利用季休回到鹿谷山上享受悠閒。

# 與老年相視而笑

不管我們答不答應，也不管我們同不同意，在該到的的時候，老年就一定會讓我們知道它已靠近或直接現身在面前。

從十幾年前必須照顧、陪伴家裡長輩的老病、臨終甚至死亡的過程中，我其實已經意識到有一天自己終將走上這條人生最為重要的路程，積極為自己的老年做準備是一件刻不容緩的事了，愈早準備好，對其他家人或自己來說就能愈從容面對。而所謂的準備好，並非有一筆豐厚的退休金就足夠了，而是必須健康正確地認清並接受身體因年老伴隨而來的衰敗和疾病，若是能夠認清，就不會抗拒，若能夠接受，內心就可以得到應該有的平靜。

一直以來，我從不害怕老去，誠心接受著身體逐漸出現的衰退變化，不曾罹患過近視，所以四十四歲時就戴起了老花眼鏡，近年發現身體肌肉的光華和緊實度確實不如從前，接著齒牙開始動搖，常須進廠維修，以保持消化系統可以無礙的運作，除此之外，一切安好；也許是我平時活動量大，耐勞耐操慣了，年齡並未造成體力上明顯的衰退，也許是我一直忽視年齡的存在，所以在情感上極少感受到正逐漸老去的傷感和威脅，我想，還有另外一個很重要的原因是：我一直保持著好奇心，好奇心讓我充滿了學習熱情，而這份學習熱情讓我維持了年輕的心情。

正因為十多年前就感悟到必須面對即將來臨的老年，經過深思，我開始實行所謂的「減法生活」。第一步我剪了信用卡，節制消費，第二步，僅留下兩個較常往來的帳號，其他的全部結束；房子除了留下自住的之外，和赤牛仔商量將其他房子處理掉，解決房貸負債，也讓身心更輕鬆。

處理完這些瑣碎事後，除了維持原有的閱讀和在山林裡的體力勞動，也開始打太極拳、靜坐和爬山健走，及後來發展出的繪圖及攝影愛好。打太極拳探索更深廣的身體空間，透過靜坐觀察體會更細微的心靈活動，爬山健走鍛鍊身體更柔軟強健，這其中，無論是動態或靜態都非常適合即將進入老年，或已經進入老年的我持續進行。

近幾年身邊許多同輩的親人及朋友接連著都在辦理勞退，難得相聚時，都會聽到他們如何運用這筆退休金的計畫，有人積極安排國內外旅遊，到處享受美食；有人到醫院、學校或其他機構當志工；有人選擇當學生，去學年輕時夢想的課程；有人受邀當老師，去教自年輕時就開始積累的一身本事；有人沒有任何想法，在家幫忙帶孫子，享受親情，卻在每週固定的日子，坐固定的遊覽車到風景區健行，順便交交朋友。其中有小部分的人選擇回家鄉務農或自己找塊地學種菜，積極學習農事及農產加工課程，也過得有滋有味，忙碌而充實。

當然，也有人不願退休，擔心離開原來的工作後會失去生活重心，日子會過得無聊，或擔心退休後少了收入，萬一又失去健康怎麼辦？從這些擔心的背後，我發現真正的問題出在：天啊！我竟然老了！

對我來說，退休兩字其實只是一個名詞，我的生活一直持續進行著，緊湊而踏實，尤其是近十年來我不曾讓自己閒得發慌過，每天每天，總有許多有趣的事可以忙，除了一周五天，每天不少於八個小時的廚房工作之外，打烊後，也許帶著小狗們去散步，也許花一個下午到晚上的時間完成一個手作，心血來潮時就嘗試做一道新菜或點心，有時，更得放下一切去參加一個值得體驗的活動或是聽一場很棒的講座；每週至少固定上山一趟，山徑上隨處漫走，順便做簡單的野地觀察和採集，有時得整理園子，享受大量流汗後的暢快……等等。適度的工作使生活規律，規律的生活讓人安心，這正是新一代老人需要的。

在過去的社會裡，老人在家庭中一直擁有相當重要的地位，包括我在內的許多人都在祖父母的陪伴下長大。一個朋友說，在他性格裡的強韌特質是朝夕相處的祖母幫他養成的，我也還記得總穿著藍布衫的祖母撩起褲腳管，帶著我和弟弟在清澈的溪裡摸蜆仔的情景，難得隨她走過濁水溪到水里街上，她肩上扛著她採集來的長長的竹子晾衣架要去交貨，等交易完成，我們一起吃了一碗切了碎冰的粉圓湯，那淺碗裡的粉圓和碎冰在嘴裡Q實和冰脆的口感，至今我還記得，也還記得祖母每天梳得十分光滑整齊的髮髻，記得她身上薄荷冰的清涼味兒，在那些年代裡，老人和小孩似乎都得到了很好的照顧。

人在年少至壯年時期是極力學習領會的階段，充滿了疑惑和衝動，也充滿了熱情和使命感，到了中年時，找到了足以安身立命的信仰，初邁入老年階段時，豐富的人生閱歷已經讓自己清楚的知道人生是怎麼一回事了，再沒有什麼事過不去的了。

我總覺得老年是人生中最美好的階段，既不必汲汲營營於謀求生計，社會和家庭責任也幾乎完成，有的是時間，手上有一點積蓄，生活無虞，正是回饋社會的最佳時機。因此，在這個階段我常思考：我能留下一些什麼給年輕一代的孩子？看過許多充滿智慧又優雅的老人，其中最讓我心儀的是珍．古德，盡其一生，她幾乎都致力於黑猩猩的野外研究並取得非常豐碩的成果，得以幫助人類重新認識這一支近親，在她臉上我看見的是一種的光彩，年老，在她身上展現的是溫柔和美麗。

從各種媒體報導中也常看到許多人在退休後憑著一股生活熱情，竟也發展出令人讚嘆不已的成就。在苗栗三灣，有位僅國小畢業，一生只當過礦工和板模工的羅榮田老先生，在過了六十歲之後才開始學書法，而後更學習拉坏，將自己獨特的書法字體表現在陶藝上，不僅成功地對抗了憂鬱症，更在七十六歲高齡舉辦了書法及陶藝個展。在一次賞鳥活動上，發現有一對年長的夫妻檔，聊起來知道他們因退休在即，又不願整天在家發呆或只能看電視打發時間，故夫妻倆結伴和同好一起賞鳥，走遍水域和山間，聽他們滔滔不絕的賞鳥經及揹在身上的裝備，哇賽！只有兩個字形容——專業！

在我身邊，我的婆婆今年八十七歲了，個性開朗可愛，非常體諒包容別人，除了每天的早晚定課，老人家幾乎都在關心照顧別人，空餘的時間也都在為家人車縫衣服，常看她戴著老花眼鏡坐在窗前動針線，一頭銀髮在映入的光裡閃閃發亮，寧靜而莊嚴，美極了！我非常希望自己老了以後和她一樣，懂得愛人，更懂得被愛。

我想，我僅能為我的孩子們留下一個好的生活態度，留下一顆願意為其他生命敞開的心，願意為土地環境付出的好心意！

另外，最最重要的是身邊的老伴。赤牛仔一直保有赤子的純真，是個老頑童，我常覺得自己是植物，而赤牛仔是寬厚的土地，因為有他的支持包容和貼心照顧，我才能長得青翠茂盛，而葉落歸根化為養分是我唯一能回報他的方式。年輕時，我們一起為生活奔忙，從不曾有過地老天荒的浪漫，至今，我們已逐漸年老，反而常能牽手一起散步，也常有相互擁抱的時候，尤其在寫這本書的這一年裡，更是深刻地體會到能夠一生相伴是多大的幸福，更且還要在逐漸老去衰弱的過程中，相互安慰，相互照顧，無怨而甘心，珍惜緣分。

我不知道在我生命最終，死亡將以何種面目出現，但是我已經有所準備，無論如何，我都會盡力過好我的老年生活。老年像一首低吟淺唱的詩歌，訴說的是早已了然於胸的世間情愛；老年也像一彎流入黃昏平原的溪流，溫柔而平靜！

老年，一直在生命最重要的轉彎處等待我，耐心地等我品嘗過佳餚美酒，也歷經過艱難困頓後，我們如期相遇，更相視而笑，彼此會心，它接受我無知自大、衝動莽撞的曾經，而我也坦然地接受它送給我病痛和死亡的未來，彼此無悔，無礙。

老年，可以在持續的勞動中享受生活愜意。

國家圖書館出版品預行編目資料

享受愉快的老後：我們退休後的這些日子，從容地與老年相視而笑 / 阿默著 .-- 初版 . -- 臺中市：晨星 , 2020.01
面；　公分 . --（勁草生活 ; 451）

ISBN 978-986-443-947-8（平裝）

1. 老年 2. 生活指導

544.8　　108019242

勁草生活 451

# 享受愉快的老後

我們退休後的這些日子，從容地與老年相視而笑

| | |
|---|---|
| 作者 | 阿　默 |
| 編輯 | 王韻絜 |
| 封面設計 | Lime design studio |
| 美術設計 | 黃偵瑜 |
| 創辦人 | 陳銘民 |
| 發行所 | 晨星出版有限公司<br>台中市 407 工業區 30 路 1 號<br>TEL：(04)23595820　FAX：(04)23550581<br>行政院新聞局局版台業字第 2500 號 |
| 法律顧問 | 陳思成 律師 |
| 初版 | 西元 2020 年 1 月 20 日　初版 1 刷 |
| 總經銷 | 知己圖書股份有限公司<br>106 台北市大安區辛亥路一段 30 號 9 樓<br>TEL：02-23672044 / 23672047　FAX：02-23635741<br>407 台中市西屯區工業 30 路 1 號 1 樓<br>TEL：04-23595819　FAX：04-23595493<br>E-mail：service@morningstar.com.tw<br>網路書店 http://www.morningstar.com.tw |
| 讀者服務專線 | 04-23595819#230 |
| 郵政劃撥 | 15060393（知己圖書股份有限公司） |
| 印刷 | 上好印刷股份有限公司 |

歡迎掃描 QR CODE
填線上回函

**定價 450 元**

ISBN 978-986-443-947-8

Published by Morning Star Publishing Co, Ltd.